青春文庫

マヤ暦でつかむ 最高の運命

木田景子

青春出版社

はじめに――マヤ暦で「本当のあなた」が見えてくる

みなさま、こんにちは。この本を手に取っていただき、ありがとうございます！

一般社団法人ライブラリープランニング代表の木田景子です。


私がマヤ暦と出合ったのは、今から約18年前のことです。

今思い返してみますと、私の人生にとって、この出合いは必然だったのだと思えてなりません。


当時私は夫の転勤にて島根県松江市に住んでいました。勤務先の上司に誘われ、軽い気持ちでマヤ暦講座を受講したことが今に至るきっかけです。

そしてその後まもなく、私の人生は大きく変わることとなりました。

「本来の自分の姿」を知る。

これを、マヤ暦を勉強することによって得られたのです。

マヤ暦に出合ったころの私は「本来の自分の姿」とは、大きくかけ離れていました。しかし当の本人はそのことに気づかず、さまざまな悩みを抱えながら生活をしていたのです。

マヤ暦から割り出された本当の自分の姿を知ったとき、目に見えない呪縛から解放され、気持ちがとてもラクになったのを今でもハッキリとおぼえています。

本来の自分の姿を知ることは、宇宙の流れを知ること。

それに従って生きていくと、偽りの自分から本当の自分に近づくことができます。

そのとき、引き寄せが変わり、出会いが変わり、さまざまな問題が解消されるのです。

そんなマヤ暦の魅力とはどんなものなのか？　マヤ暦を知るとどうなるのかについて少しお話ししたいと思います。

マヤ暦とつながることは幸運につながること

「友人はみんな、結婚して家庭を持っているのに、私だけ独身で寂しい」

「共働き夫婦で、夫は土日も出張が多く、すれ違いばかり」

「育児に疲れて毎日クタクタ。子どもがかわいいと思えない」

「転職を何度しても、自分に合わない仕事のような気がして、職を転々」

など…。みなさま、さまざまな悩みがあることと思います。


それはもしかすると、**本来持って生まれたあるべき姿と、今の状態が少しズレているだけなのかもしれません。**


私は今まで、5000人以上の主に女性の相談を受けてきました。

彼女たちの中には、マヤ暦で本来の生き方とのズレに気づいたことがきっかけで、悩みから離れ、とても幸せな人生を送っている人がたくさんいます。

この本をご覧いただいているみなさまにも、マヤ暦の教えを上手に生かして「人生が劇的に変化する」この奇跡をぜひ体験していただきたいと思います。

私たちはもっと自由に、もっとラクに生きられる

実は私自身も「マヤ暦を知って、人生が大きく動き出し幸せになった」まさにその一人です。

私は、両親からたくさんの愛を受けて育ち、大学卒業後は一部上場企業に就職。社内恋愛をして、寿退社……と順風満帆な日々を送っていました。

しかし、その後はどちらかというと試練の連続。

もちろん楽しいこともたくさんありましたが、つらい不妊治療、夫の借金が数百万円もあることの発覚。しかもそのお金は愛人（私の知人！）のために使われていた……。当時はまだまだ未熟で、夫に対して許せない気持ちと募っていたがゆえの不信感とでいっぱいになり、離婚を決意しました。

でも今思うと、彼だけが悪いのではなく、私にも多くの原因がありました。その

ことはとても反省しています。

彼との12年の結婚生活の中で、私は常に依存体質で、彼の顔色を気にして生活していたこと。これが本来の姿から自分を遠ざけていたのです。


離婚後しばらくは、先が見えない不安な日々を過ごしていました。

しかし、そのとき私は、冒頭でもお話ししたように、マヤ暦の講座に参加し、マヤ暦を通して考え方や捉え方が変わりはじめていました。

そのおかげで少しずつ、前向きな自分を取り戻すことができたのです。


離婚を機に、本来あるべき姿に戻った私は、まるで上手に波乗りするかのように、「流れに乗っていく感覚」を日ごとに実感していきました。

さらにいろいろなタイミングが合いだし、流れの先には、素晴らしい出会いがたくさん待っていたのです。その中で約14年間、当時の師匠の元でマヤ暦を学び、アドバイザーとしてマヤ暦を広めてきました。

活動の中で、講座を受講してくださったみなさまのうれしい変化を目の当たりにし、人のお役に立てていることの喜びを知ることもできました。

その後、もっと多くの方にマヤ暦を知っていただきたいと、同じくアドバイザーとして活躍していた安長明美さんとともに一般社団法人ライブラリープランニングを立ち上げ、「マヤンレメディ」（マヤ暦講座）を開講。講師育成などに関わっています。

現在は再婚した夫の協力もあり、公私ともにとても充実した毎日を過ごしています。天職というのはやればやるほど元気になり、やればやるほど拡がるものだと思っています。

まさにマヤ暦とともに生きることは、私の本来の姿であり「天職」だったのです。

☽迷いや困難から抜け出すために

人生100年時代がやってきた今、私たちの生活はまだまだ大きく変化する可能性があります。

ただ、生活がどれだけ変わっても、多くの方の中で変わらないことは「幸せになりたい」「周りの人と幸せに生きていきたい」という願いではないでしょうか。

ただ、そう願っていても、迷いや困難に直面したり、途方に暮れるような悲しい出来事に見舞われたりすることもあります。

そんなとき、どう前進すればいいのか、どのようにして自分自身を取り戻せばいいのか——。それを教えてくれるのが、マヤ暦です。

マヤ暦は古代マヤ文明から受け継がれてきた暦ですが、そこには、誕生日ごとに存在するエネルギーを最大限生かすための「本質」があります。その知恵、考え方は、現代においても使うことができるのです。

「必死にやっていた飛び込み営業の仕事ですが、システムの仕事が向いていると言われて転職。やりがいのある日々で仕事の楽しさを知りました」

「失恋や人に裏切られる経験がトラウマになっていましたが、それも必要なことだとわかったら、恐れがなくなり、トントン拍子で結婚が決まりました」

「自分の理想があっての子育てでしたが、叱ってばかりの日々に疲れていました。子どもの特性に合わせたら、子どもがイキイキし、家庭に笑顔が戻りました」

マヤ暦を知り、人生が変わったという方から、今でもたくさんの声が届いています。そういう方が一人でも増えることで、家庭が、社会が、素晴らしく変化していくのではないかと感じています。

マヤ暦の特筆すべき点は、親子や兄弟などの家族関係から職場の関係、友達、恋人まで、人と人の「相互関係」が驚くほど紐解けるということです。

ですのでマヤ暦を知ることで、人間関係の悩みも激減します。

そして、マヤ暦で見るのは、単なる相性の良し悪しではありません。

相手が自分にとってどんな意味のある存在であるのか、導いてくれる人なのか、正反対の考えを持つ人なのか……、そういうことをズバリと教えてくれるのです。

さらに、その人たちとどのように接するとうまくいくかまでわかります。

このようなことがわかると、人はみな一人ひとり違う存在だということが身に染みてわかり、誰かの真似をする必要もないこと、相手を変えようとしてはいけないことに気づくことでしょう。

マヤ暦を通じて自分の本質を知り、人間関係が良好になれば、次々と幸運が舞いおりてくるのは、当然のことかもしれませんね。

本書では、マヤ暦の基本的な考え方、さらにはあなたが持っているエネルギーから気になる人との関係性まで、具体的に紹介していきます。

この本が、ときに前が見えなくなることもある人生において、より意味のある方向へ進むための手助けになることを願っています。

さあ、マヤ暦とともに、自分を知る旅に出かけましょう。

あなたの運命を開くカギ

黄色い種

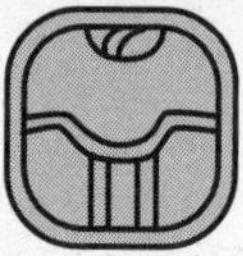

種はすでにあなたの中

赤い蛇

今の自分は脱ぎ捨てて

白い世界の橋渡し

人と人、人と世界をつなぐ

白い犬

正直に、誠実に、忠実に

青い猿

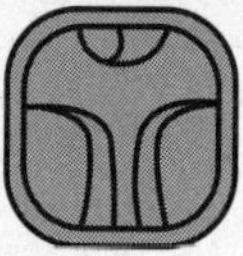

喜び、楽しみを追究

黄色い人

あなたの「道」をゆく

黄色い戦士

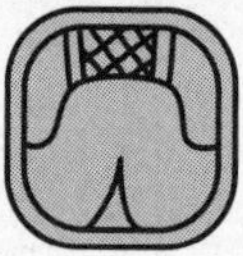

チャレンジをやめない

赤い地球

言霊の力を信じて

白い鏡

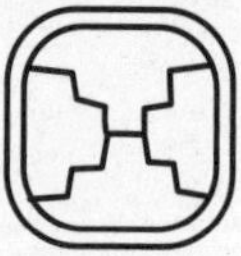

心の鏡は曇っていないか

黄色い太陽

おかげ様の精神で輝く

生まれた日によって
持っている紋章が
決まります

マヤ暦の紋章でわかる

赤い龍

生命の大切さに触れて

白い風

繊細な感性を研ぎ澄ます

青い夜

あなたの夢を言葉に

青い手

ひたむきに手を尽くす

黄色い星

美しさを妥協しない

赤い月

浄化し、新しい流れを

赤い空歩く人

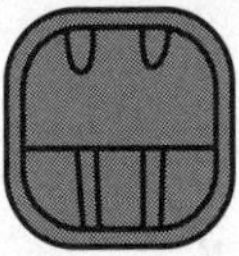

ぶれない芯をあなたの中に

白い魔法使い

「許し」という愛を持って

青い鷲

クールに先を見通す

青い嵐

上昇気流に乗って

紋章の出し方はp59へ

詳しい解説はp63から

目次

マヤ暦でつかむ最高の運命

第1部 マヤ暦が教えてくれる幸せの法則

第2部

20種類の「太陽の紋章」で、本当の自分を見つけよう！

第3部 マヤ暦から読み解くあなたの人間関係

第4部

あなたの人生の道しるべとなる「4つの時代」とは

本文デザイン／浦郷和美
本文イラスト／nao
DTP／森の印刷屋
編集協力／長谷川華
企画協力／糸井浩

第1部

マヤ暦が教えてくれる幸せの法則

「生年月日」から多くを見抜くマヤ暦のパワー

今までマヤ暦という言葉を耳にしたことはあっても、それが何なのか、ご存じでない方も多いのではないでしょうか？　ですので、まずはマヤ暦について説明したいと思います。

簡単にいいますとマヤ暦とは、マヤ民族が使っていた暦のことです。

マヤ民族は、今から約４００年前、現在のメキシコやグアテマラあたり、つまり中南米、ユカタン半島のジャングルの中に住んでいた部族で、彼らの文明をマヤ文明といいます。

マヤ人は、ある日忽然と姿を消したといわれている民族で、彼らの文明などについては、絵文書が数冊ほどしか残っておらず、石に刻まれた紋章のような、記号のようなものから読み解いていくしかありませんでした。

長い間、なかなか解読されなかったこのマヤ文明ですが、次第にわかってきたことは、マヤ民族は天文学や数学にとても長けていた民族だということ。星の動きなどを観察し、コンピューターで弾き出すのとほぼ変わらない精密なカレンダーを使って生活していた民族だということがわかってきました。

そしてマヤ民族は、約17種類もの暦を作成し、用途によって使い分けていたといわれています。

マヤ民族が使っていたこの約17の暦には、約5125年周期の長期暦、約256年周期の短期暦、28×13カ月＋1日の365日周期のハアブ暦（農耕暦）など、いろいろな周期の暦がありました。

なかでも一日一日のエネルギーを知るために、マヤの神官たちが使っていたといわれる暦が、260日周期の「神聖暦（ツォルキン暦）」と呼ばれるものです。

彼らにとって、「時間」は、過去から未来に刻んでいくものではなく、彼らを「案内するもの」であり、彼らを動かす「意識」や「エネルギー」でした。

本書ではこの神聖暦（ツォルキン暦）を、マヤ暦と呼ばせていただきます。そしてこのマヤ暦をもとにその人の本質を紐解いていきます。

マヤ暦では、260日の一日一日すべてが意味を持ち、それぞれ日によって違うエネルギーが流れていると考えられています。

そして、私たちは、自分が生まれた日のエネルギーに大きく支配されています。なぜなら、自分が望む人生の目的を生きるのに、最もふさわしい日を選んで生まれてきていると考えられているからです。

この生まれた日のエネルギーを中心に、その人の本来の姿を教えてくれるのが「マヤ暦」なのです。

マヤ暦が教えてくれる幸せの法則①

自分を知ることは「幸運体質」になること

「幸運体質」と「シンクロ体質」はつながっている！　と私は思っています。

ですので、幸運体質になるためには、たくさんのシンクロニシティを体験すると良いのです。成功者といわれるすべての人はシンクロの連続を体験しているのです。

シンクロニシティとは、精神科医であり、心理学者である、カール・ユング氏が提唱したもので、日本語では「意味のある偶然の一致」や「共時性」などといわれています。わかりやすくいうと、頭に思い浮かんだ事象と現実の出来事が一致することです。

「○○さん最近どうしてるかしら？　と思ったら○○さんからメールがきた」
「○○のケーキが食べたいな〜と思っていたら、知り合いからいただいた」
「○○神社に行ってみたいなと思っていたら、たまたまつけたテレビで放映された」

などです。こうなったらいいなと思うことが叶うって、幸せなことですよね。まさに、願いを自分で引き寄せる「幸運体質」です。

このような「時空を越えた想い」と「実際の現象」が一致するシンクロニシティが起きたということは、タイミングが合っている、歯車がかみ合っている証なのです。だから、もしもシンクロニシティが起きているのに気づかずにいると、幸せのチャンスを逃してしまいます。

例えば、仕事を探しているときに、たまたまテレビで知った「こんな仕事をしたい」と思っていた案件に出合ったとします。

「先日いいなと思っていた仕事だ！　こんなにすぐに見つかるなんて、きっと意味があるんだ。これは応募するしかない！」

「この仕事やってみたいけど、きっとみんなもそう思うだろうな。どうせ競争率も高いだろうし、私にはムリかな。諦めよう……」

前者はシンクロに気づき、行動を起こし、実現させていく可能性がありますが、後者はせっかくのシンクロにも気づかずチャンスを逃すことになるでしょう。

では、シンクロニシティを起こすにはどうすればいいのでしょうか？

自分が本来持って生まれたエネルギーを知り、本来の自分の姿で生きていくこと。

これが一番の方法だと感じています。

マヤ暦ではその日によって流れているエネルギーが違うと考えられています。そして私たちはこの世に誕生する前に、今世はこんな人生にしようという設計図を描き、その設計図を達成しやすいエネルギーが流れている日を選んで生まれてくると考えます。自分がどのようなエネルギーが流れている日に生まれてきたのか知ることで、自分は何に共鳴する人なのかがわかります。

ですのでもし、自分の設計図から離れた生き方をしていると、チャンスや願いが叶うタイミングとうまくかみ合わなくなってしまうのでしょう。

マヤ暦を通して自分本来の姿を知ることで、この設計図とのズレを修正することができます。自分の持っているエネルギーとシンクロするものに気づきやすくなれば、あなたも「幸運体質」に生まれ変わることでしょう。

マヤ暦が教えてくれる幸せの法則②

幸せの形はひとつじゃない

今、自分は幸せでないと感じている人もいらっしゃることと思います。私もそういうときがありました。

では、あなたが考える幸せとは何でしょうか？

「大企業に勤務し、お給料がたくさんいただける」とか、「結婚して子どもがいる」とか、「子どもが一流大学に合格した」「タワーマンションの最上階に住んでいる」といった、いわゆる一般的に幸せそうに見える形を思い描いているのかもしれません。

しかし、**幸せの形はひとつではありません。まずは、自分で幸せの形を決めつけないことが大切です。なぜなら幸せの形というのは、人によって異なるからです。**

例えば、夫が仕事柄、家を不在にすることが多く、家族が一緒に過ごす時間が少なくて不安だという人も、家族の相互関係をマヤ暦で見てみると、母親と子どもにしっかりとつながりがあることで、父が不在がちでも子どもは寂しいと思わずにいられることもあります。

人によっては、夫婦すれ違いの時間が多いほうが、自分のやりたいことができたり、子どもがいないほうが、自分の使命を果たせる人もいます。ですので、人によって何が良いのかはさまざまなのです。このように、マヤ暦は、「自分たちだけの幸せの形がある」ということを、私たちに教えてくれているのです。

もし、「これで幸せになれるのかしら？」と不安になったら、「好き」と思えることかどうかご自身に問いかけてみてください。

「好き！」のエネルギーは最大です。

好きな人、好きな仕事、好きなインテリア、好きな服……。好きだと思う気持ちになれるものが、どれだけ自分の周りにあるかでテンションが変わってきます。好きなことをしている時間は気分が良くなります。

好きな人といるときもそうですよね。好きな場所もそう。これは好きな気持ちを抱くすべてに当てはまります。

究極をいえば、すべて「好き」で包み込んでしまうことではないでしょうか。好きには、マイナスのパワーではなく、プラスのパワーが帯びています。ということは、幸運を呼び寄せる効果があります。

それは、好きなものから間違いなくパワーをもらっているからです。今、元気がない方は、好きな服で自分を包み、一日を過ごすだけでもどんどんパワーが充電されるはずです。

ぜひ、好きなものを意識してチョイスしていく生活をし、プラスエネルギーを受け、幸運体質に近づけていきましょう。

マヤ暦が教えてくれる幸せの法則③

吉や凶はない。すべては自分の捉え方

マヤ暦には、吉や凶といった考え方がありません。大殺界や天中殺もありません。なぜなら、すべて自分の捉え方、考え方ひとつだからです。

例えば私が経験した離婚という出来事には、良いも悪いもありません。そこには離婚という事実があるだけです。それが良いとか悪いとかを決めているのは、私たちです。それをどう捉えるかで、人生は、全く変わってきます。

「離婚のおかげで、いろいろな事に気づき、今の私がある」と思えるのであれば、

離婚は良いものになりますし、「離婚がなければ、今のようなしんどい目にあわずにすんだ」と思うのであれば、離婚はその人にとって良くないものになるわけです。

あの出来事のせいで、あの人のせいで……。そんなふうに考えてしまうと、不幸に感じるばかりです。そうではなく、あの出来事のおかげで……と、前向きに考えることも、マヤ暦を生かして生きていくためには大切です。

結局は何が起きても「自分に必要なこと」と捉えることで、次のステージにいけることでしょう。要は捉え方ひとつなのです。

私が今の夫と結婚した当初、小さなケンカが定期的にありました。考えてみると、ほとんど私発信のものだったと思います。勝手に不機嫌になって、イライラしている波動を出し、家事のときにわざと音をたてて、「私、不機嫌なんです!」アピールをしていました。「わかってよ!」というアピールですね。

そんなある日、夫に言われたのです。

「景子さんは今、機嫌を僕に取ってもらおうとしているよね? それは依存の始まりなんだよ。機嫌は人に取ってもらうものではなく、自分で取るものなんだよ」

言われた瞬間はムッとしたのですが、その言葉が頭から離れず、次の日に落ち着いて考えてみました。考えてみると、1回目の結婚のときに私はかなり、わかってよアピールをしていたことに気づきました。

そのとき、「機嫌は自分で取ればいいんだ」と納得したのです。

それからは、いつもご機嫌さんでいられるように、自分で自分を満たすように心がけ、自分の機嫌は自分で取るようにしています。我が家では小さなケンカもなくなり、いつも楽しい空気が流れています。これは家庭だけでなく、職場でも大切なことですよね。

不機嫌な波動を出していたり、誰かに自分の機嫌を取ってもらおうとしていると、また不機嫌になる出来事を引き寄せます。

しかし自分で機嫌が取れれば、どんなときでもご機嫌な波動を出せます。ご機嫌な波動にはどんどんご機嫌なことがやってくることでしょう。

マヤ暦が教えてくれる幸せの法則④

人と比べる必要はない

自分が本来の姿で生きていくために、まずは、人と比べないということが大原則です。人と比べるとどうしても生き辛くなってしまいます。どうしてあの人は、あんなにうまくいっているのに、私はうまくいかないのだろう……と思うと、どんどんしんどくなっていきます。

私も不妊治療中に「私はこんなに高額なお金を払ってまで治療しているのに、なぜ周りの人は自然にどんどん妊娠するのだろう」と苦しみました。

とくに現代は、誰もがSNSで、他人と自分を比較しやすい時代です。自分の友人知人や同業者が、毎日楽しそうにしている投稿や、活躍しているように見える投稿をしているのを見て、「なんで自分は」と落ち込んでしまう人がいます。

他人のSNSを見て、「私も頑張ろう」と自分の励みに思えないのであれば、見ることをやめてみましょう。

自分は相手より上なのか下なのかにこだわることをやめてみるのです。

評価が高いか、低いか。

給料が上か、下か。

人気があるか、ないか。

点数が高いか、低いか。

このように「比較する」ということをやめるのです。

比べることをやめると、相手が自分より評価が高くても、卑屈になったり、羨むのではなく、純粋に心から尊敬したり、評価を称えることができるようになります。

「自分は自分」といい意味で割り切ることができるのです。

人は、みな違います。違っていいのです！　生まれた日に意味があり、あなたにはあなたの特性があります。あなたは、自分のできること、自分らしさを大切にすればいいのです。

相手の評価が上か下かにこだわり、何かと優劣をつけていると、自分のほうが評価が低い場合、落ち込み、不機嫌になります。自分のほうが評価が高ければ、機嫌よく元気になる。これでは自分の感情にも周りにも振り回されるはめになるでしょう。

マヤ暦で、あなたが持っている特性を知れば、いかに人と比べることが無意味なのかということがわかるでしょう。

比べることにこだわらなければ、相手を心から応援することができます。そうすると、自分も応援される人になるという好循環が待っていますよ。

決して**誰かになる必要はありません。自分らしく生きることが大切**なのです。

マヤ暦が教えてくれる幸せの法則⑤

すべてのことに意味がある

マヤ暦では、親、子ども、夫、恋人、友人、上司など、自分と自分の周りの人がどういう関係を持っているのかもわかります。人によっては、相互関係のある人もいれば、ない人もいます。

その相互関係は、すべてに意味があり、あなたのために用意されているものです。それを知ることで周囲の人との関係を改善したり、今の関係をより良くしたりする目安になります。ただベースとして相手を尊重することができていてこその相互関係だと思ってください。いくら良い相互関係があるとわかっても、相手を尊重できなければうまくいかないでしょう。

例えば、親と子どもがまったく「相互関係がない」ケースがあります。このようなケースは、「その親が育てる子ではないよ」ということを示しています。これは親が子育てをしなくてもいい、といった意味ではなく、その子は社会に育ててもらう子ということを意味していますので、早くから保育園に預けたり、習い事の先生、おばあちゃんに預けたり、外の人に任せるということをして、親は、あまり口出しをせず、見守る姿勢でいると、親も子も良好な関係でいられるでしょう。

「小さいころから、保育園に預けるなんて、子どもがかわいそう」というようなことを言われるかもしれません。しかし、他人の言うことを気にして、仕事を辞めて子育てに専念することだけが正解ではありません。このような「相互関係がない」場合はぜひ、お仕事を続けていただきたいです。

ずっと子どもと一緒にいることで育児ノイローゼになる方もいます。その親子に合った、本来の距離感を取った方がお互いにイキイキと生きることができるのです。

また、私の夫は、マヤ暦でみると、両親と何の相互関係もありません。でも、夫の両親と私は相互関係があります。

これはどういうことかというと、マヤ暦の紐解きでは、私の夫は親のために、親と相互関係のあるお嫁さんと結婚した親孝行な息子だということが推測されます。

実際、私の夫は、大阪の実家にほとんど帰りません。

義父は他界していますが義母は一人、大阪にいます。70代で元気ではありますが、私が大阪出張のときに、義母と二人で食事をしたり、お墓参りに行ったりと、私は義母と一緒に楽しい時間を過ごし、そうなっているんだなと感じています。

このように、「相互関係がある」ことにも意味があり「相互関係がない」ことにも意味があるのです。また、相互関係があるから、必ずその人とうまくいくということでもありません。その相互関係の意味について、知ることが大切になってきます。

マヤ暦が教えてくれる幸せの法則⑥

人間関係は自分が成長するためのもの

誰にでも、自分の周りには一人や二人、「相性が合わない」と感じる人がいること思います。

しかし、マヤ暦には、「相性が良い」人や、「相性が悪い」人はいません。一見、あなたにとってマイナスに思える人であっても、それは宇宙から、あなたに学びを与えるために用意された人と考えてみてはいかがでしょうか。

また、その人はもしかしたら偽りの姿を生きている場合や、我が強いケースなのかもしれません。我が強い人とは誰しもしんどく感じることがありますものね。

反面教師という言葉があるように、「ああいう人になってはいけない」と、あなたに教え、あなたを成長させるために必要な人かもしれませんし、新しい視点をプレゼントしてくれる人なのかもしれません。

すべての出会いには、意味があります。人生にとって、無駄な出会いを宇宙は用意していません。

あなたが「嫌だ」と思う人でも、それは、あなたの人生にとって、大切な意味のある人なのです。

マヤ暦が教えてくれる幸せの法則⑦

人生には「その人のサイクル」がある

「今すごく変化があり、忙しい日々を送っている」
「ここのところ何をしてもうまくいかない……」
「なぜか試練ばかりやってくる」

人生には、良い流れに感じるときもあれば、ここが踏ん張りどき、というときもあります。

花を咲かせるためには、まずは土を耕し、種をまくことが大切です。芽が出てきたら水やりをし、太陽の光をいっぱい浴び、害虫から守り、大切に育てなくてはいけません。そうして初めてつぼみが膨らみ、花が咲き、実を付けることができます。

人生も同じです。

マヤ暦ではその人の人生のサイクルを知ることができます。大きく4つの時代に分けて考えていきます。その4つを赤の時代、白の時代、青の時代、黄色の時代と呼び、赤、白、青、黄色の順番に4つの時代が13年ごとに巡ってくると考えます。そしてこの赤、白、青、黄色をそのまま人生の起承転結にあてはめて考えることもできます。生年月日によって、今、自分がどの時代にあたるかは違いますので、同い年の同僚が、今まさに実がなる時期であっても、自分は、まだ実を育てる時期ということもあるのです。自分のサイクルを知ることで、自分の人生の流れ、そして過ごし方の目安がわかるのです。

マヤ暦が教えてくれる幸せの法則⑧

天職は探さずとも導かれる

「やりたいことが見つからない」という声をよく聞きます。

もしかすると、やりたいことは「すごいことじゃないといけない」と思い込んでいるのかもしれません。

しかし、すごいことで、かつ、自分にできることは、そう簡単には見つからないものです。

ですので「やりたいこと」であれば何でもいいのです。どんな小さなことだって大丈夫。まずは小さなことでいいので、やりたいことをしてみることをオススメします。その中でより、大きなものにつながっていくことでしょう。

私は1回目の結婚のとき、仕事を辞め、念願だった専業主婦になりました。しかし、専業主婦をやってみて気づいたのです。私は「人と関わっていたいな」と。

そしてすぐにできることを探しました。新聞の折り込みチラシの求人広告で整形外科の受付募集に目がとまり応募すると、さっそく面接、採用となりました。

お仕事を再開して思ったことは、私はやっぱり、人と関わる仕事が好きだということ。このことに気づけただけでも大きな一歩になりました。

この後、元夫の転勤により、島根へ引越すことになりましたが、前の職場である整形外科の院長に紹介していただいた歯科医院で働くことが決まっており、6年ほどお世話になりました。

そんなある日テレビを見ていたら、島根で活躍されているインテリアコーディネーターが紹介されていました。とてもイキイキとしていて、おしゃれでかっこよくて、私には眩《まぶ》しすぎる女性でした。「いつかお会いしてみたいな〜」と、漠然と思っていたのを覚えています。

そんなある日、バスの待合所で目に飛び込んできたのが、インテリアコーディネーション講座というチラシです。手に取って見てみると、テレビで見た憧れのインテリアコーディネーターさんの講座案内でした。

「これは会えるチャンスだ!」と即座に申込み、憧れの方にいとも簡単にお会いすることができたのです。その後、なんとその方のお仕事のお手伝いもさせていただけることに。最初のきっかけは新聞の折り込み広告という小さなものでしたが、行動することでどんどん大きく展開していくのです。

チャンスはふと気になったものに潜んでいる可能性があります。気になったら、まずやってみる。この小さな奇跡が積み重なっていく中で、やがて大きなものにつながっていくのです。

憧れのインテリアコーディネーターさんからある日「今度マヤ暦講座に行くんだけど、一緒に行かない?」と誘われたときも、「なんか面白そう」という興味本位だけでしたが、とにかく行ってみることにしました。

講座に行くと、生年月日だけでいろいろなことが紐解け、なんて楽しいお勉強なのだろうと興奮しました。もっと学びたいと思い、マヤ暦講座に通い続けました。それから離婚などを経て、事務仕事をしながら夜や土日を使ってのマヤ暦の活動。そろそろ離婚して17年という月日が経とうとしていますが、今やマヤ暦は私にとってなくてはならないものとなりました。

ここに至るまでの経緯を振り返ってみますと、すべて小さな奇跡の集合でしかありません。何でもない最初の行動が、これほどまでに大きな結果に結びついていくのです。

ですので、決してあきらめないでください。

今日からでも奇跡は起こせます。

でもそれは自分次第。

動くか、動かないかだけです。

気になったら、まずやってみる！　まず行ってみる！　そしてそこで誠意を尽くすのです。すると次の展開がやってきます。こうして、天職との出合いに近づいていくのだなと感じています。

そう、**天職は探すものではなく、向こうからやってくる、もしくは自然に導かれるもの**なのではないでしょうか。

COLUMN 1

マヤ人の叡智「ゼロの発見」

ゼロという数字を発見したのは、西洋文明ではインド人といわれていますが、それよりも早く、マヤ文明でもゼロという概念があったのではないかと考えられています。それまでは、数字は1からしかなかったのに、どうしてゼロというものを発見したかというと、マヤ人は個人の所有物を持たない民族だったからです。

マヤ人は、自分のものは何もないという考え方を持っていました。すべてがお借りしているものという考え方でしたので、争いがない民族だったといわれています。自分の所有物をゼロにすることができればすごくラクになりますものね。この考え方をベースにすると土地や家だけではなく、夫も自分のものではないし、子どもも自分のものではなくなります。

さらに自分の体も、自分のものではなく、今生きている間だけ、お借りしているものというように考えることができます。

そういうふうに考えていくと、奪われる心配もないし、失う恐れもないし、減っていく恐怖もありません。自分のお金だと思っているから、盗まれたら嫌だという恐怖が生じたり、相続争いが起きます。自分のパートナーや子どもを自分の所有物だと思っているから、相手が自分の意図と違う行動を取るとストレスになったり不平が生じてくるのです。でも、最初からゼロ、つまり自分の物は何もないと考えることができると、相手が思い通りの行動を取らなくても、何も不満に思うことはありません。

心配も、プライドも、恐れも、期待も、執着もそういったものすべてのことをゼロに近づけることで、すごくラクになれるということを、マヤ人は教えてくれているのです。

そして、その究極は、自分自身さえもゼロにすることです。これはなかなか難しいことですが、これができると、さらに生きていくことがラクになります。

期待、要求、人と比較することをゼロにすることで、人生はすごくラクになるのです。

第2部

20種類の「太陽の紋章」で、本当の自分を見つけよう！

古代マヤの神官が使っていた、260日のリズムとは

神聖暦（ツォルキン暦）は、マヤ暦がベースとなる暦で、13日×20の、260日のサイクルです。

まず、なぜ13という数字なのか。

マヤでは、**13は「宇宙の定数」**と考えられています。

月は、地球の周りを1年で13周します。

私たち女性には生理がありますが、生理のことを「月のもの」というように、女性は特に月の影響を受けています。

生理も、28日周期の人は1年に13回あります。

ほかにも、星々の回転周期や、星が一直線上に並ぶ邂逅《かいこう》周期も、13の倍数に近いものが多く、自然のリズムに合っているものなのです。

キリスト教圏では不吉な数字といわれている13ですが、マヤ暦では封印を解く数字といわれています。

トランプも13枚で、13番目には王様を表すキングが位置しています。ちなみに、トランプは、13枚×4＝52枚で成り立っていますが、マヤの還暦も、52歳。トランプのカードの数と一緒です。

タロットカードも78枚で13の倍数ですし、マヤとも縁の深い亀の甲羅の紋の数も13です。

ですので、13は決して不吉な数字ではなく、13を使うことで、自分の隠されている可能性が開く、才能が目覚めるなど、新しい扉を開く数字と考えると良いでしょう。

次に20という数字は、マヤ暦では、「私たちの祖」「DNA」「命にまつわる数字」と関係が深く、例えば、私たちの手足の指の数が合わせて20本だったり、タンパク質を構成する重要なアミノ酸の数が20だったりと「生命の定数」といわれています。

日本では、たまたまかもしれませんが、長い間成人の年齢は20歳でした。伊勢神宮の遷宮も20年に1回というように、20という数字が節目にもなっています。

この13と20という数字を組み合わせた260という数字は、DNAから宇宙まで、つまり最小のものから最大のものまでを貫くことができると考えられているわけです。マヤ暦に触れることで、宇宙とDNAがつながることができるともいえます。

私たちは無意識に呼吸をしていますが、1日で2万6000回ほど呼吸をしているそうです。月の引力によって作り出されている波も1日2万6000回ほどだそうです。波の音を聞いていると心が落ち着くのは、呼吸との周期が一致しているからなのでしょう。このように、13×20という数字は、私たちにとって、無理がなく、生きやすい自然のリズムなのです。

運命を開くカギ「キンナンバー」

マヤ暦を使う本書では、まず自分の**「KIN（キン）」**を知ることから始まります。

私たちは、一人一人、自分が描いた設計図を持って、自分の目的を達成しやすい日を選んで生まれてきていると、先にもお話ししましたが、マヤ暦では、260日、一日一日、違うエネルギーが流れていると考えられています。

そこで、あなたが、どんなエネルギーが流れている日に生まれてきたのか、誕生の瞬間、胸いっぱい吸い込んだエネルギーが何であるかを知ることは、あなたの本質を知ることへつながります。

そしてこの260のエネルギーを示すのが、「キンナンバー」といわれるものです。キンとは、「今日はキン127の日」というように、その日、一日を指したり、

「あなたはキン96の人」というように、その人一人として表すことができるものです。

マヤ暦では、「キン」は、「宿命」といった意味でも使われています。

あなたが、260あるキンのうち、何番のキンを持っているかで、あなたの本来の特性や能力、生まれてきた使命や役割など、ある程度の傾向を知ることができるのです。

キンは、全部で260種類ありますが、**一つひとつのキンは、「太陽の紋章」と「ウェイブ・スペル」と「音」の3つから構成されています。**

本書では自分の本質や魂の方向性を知っていただくために、「太陽の紋章」を中心にお伝えしていきますが、無意識の部分の「ウェイブ・スペル」もぜひ参考にしてみてください。

「紋章」は、「神様（宇宙）の意識」であり、全部で20あります。これを元に自分の太陽の紋章とウェイブ・スペルを割り出して、「生まれてきた目的」を読み解いていくことができます。

「太陽の紋章」は、意識的に考えているときや、行動をしているときによく出てくる特徴や特性で顕在意識を表しています。

「ウェイブ・スペル」も同じく20の紋章でみていきます。こちらは、無意識の部分のその人の特徴や特性で潜在意識を表しています。

私たちには、顕在意識と潜在意識があり、氷山に例えると、太陽があたってキラキラ輝いている部分が顕在意識、つまりここが「太陽の紋章」の部分に当たります。しかし、水面下には、表に見えている以上の氷が隠れています。これが、いわば潜在意識、つまり「ウェイブ・スペル」に当たる部分なのです。

AさんとBさんで顕在意識の「太陽の紋章」の種類が同じでも、潜在意識の「ウェイブ・スペル」の紋章は違うこともあります。

人間の意識のうち、顕在意識が占めているのは、わずか3%～10%、逆に潜在意識は90～97%を占めるといわれています。「ウェイブ・スペル」の部分の潜在意識にすでに気づいている人もいますが、気づいていない人もたくさんいるでしょう。

自分の「ウェイブ・スペル」が何なのか知った後は、日々の生活の中で、「ウェイブ・スペル」の特徴を少し意識するようにしてみてください。自分の中の潜在意識を意識することで、あなたの未知の可能性が開かれていくでしょう。自分の潜在意識に波を起こすことで、水面下の部分の能力も、どんどんと出していけるようになるはずです。

キンを構成する最後のひとつは**「音」**。銀河の音と呼ばれているものです。

本書では「音」のことは詳しく説明しませんが、**銀河の音には、1から13までの段階があり、その人の本質や力を表すもの**です。一日ひとつずつ音は進んでいきます。音は全部で13段階あり、13まで進むとまた1に戻ります。自分が何段階目の日に生まれてきたかで、どういう本質や力を持って生まれてきたかがわかります。

20の紋章と、この13パターンの「音」を組み合わせると、20×13＝260となり、全部で260種類の「キン」が生じるということになります。

このようにして、あなたのキンが定められているのです。

太陽の紋章とウェイブ・スペルの割り出し方

1＊ 早見表1 (60p) から、あなたの生年月日の生まれ年と生まれ月が交わる数字を見ます。

2＊ 1 で出た数字に生まれた日を足します。足したときに 260 を超えた場合は出た数字から 260 を引いてください。これが KIN ナンバーです。

※ 2/29 生まれの方は算出した数字から 1 を引いた数が KIN ナンバーです。

3＊ 早見表2 (61〜62p) を見て、KIN ナンバーに該当する箇所を見ます。これがあなたの太陽の紋章と音です。

4＊ 早見表3 (62p) を見て、KIN ナンバーに該当する箇所を見ます。これがあなたのウェイブスペルになります。

例) 1984 年 3 月 1 日に生まれた人の場合は、
まず 早見表1 より 91。
91 + 1 で 92。KIN92 になります。

早見表1

年			1月	2月	3月	4月	5月	6月	7月	8月	9月	10月	11月	12月
1910	1962	2014	62	93	121	152	182	213	243	14	45	75	106	136
1911	1963	2015	167	198	226	257	27	58	88	119	150	180	211	241
1912	1964	2016	12	43	71	102	132	163	193	224	255	25	56	86
1913	1965	2017	117	148	176	207	237	8	38	69	100	130	161	191
1914	1966	2018	222	253	21	52	82	113	143	174	205	235	6	36
1915	1967	2019	67	98	126	157	187	218	248	19	50	80	111	141
1916	1968	2020	172	203	231	2	32	63	93	124	155	185	216	246
1917	1969	2021	17	48	76	107	137	168	198	229	0	30	61	91
1918	1970	2022	122	153	181	212	242	13	43	74	105	135	166	196
1919	1971	2023	227	258	26	57	87	118	148	179	210	240	11	41
1920	1972	2024	72	103	131	162	192	223	253	24	55	85	116	146
1921	1973	2025	177	208	236	7	37	68	98	129	160	190	221	251
1922	1974	2026	22	53	81	112	142	173	203	234	5	35	66	96
1923	1975	2027	127	158	186	217	247	18	48	79	110	140	171	201
1924	1976	2028	232	3	31	62	92	123	153	184	215	245	16	46
1925	1977	2029	77	108	136	167	197	228	258	29	60	90	121	151
1926	1978	2030	182	213	241	12	42	73	103	134	165	195	226	256
1927	1979	2031	27	58	86	117	147	178	208	239	10	40	71	101
1928	1980	2032	132	163	191	222	252	23	53	84	115	145	176	206
1929	1981	2033	237	8	36	67	97	128	158	189	220	250	21	51
1930	1982	2034	82	113	141	172	202	233	3	34	65	95	126	156
1931	1983	2035	187	218	246	17	47	78	108	139	170	200	231	1
1932	1984	2036	32	63	91	122	152	183	213	244	15	45	76	106
1933	1985	2037	137	168	196	227	257	28	58	89	120	150	181	211
1934	1986	2038	242	13	41	72	102	133	163	194	225	255	26	56
1935	1987	2039	87	118	146	177	207	238	8	39	70	100	131	161
1936	1988	2040	192	223	251	22	52	83	113	144	175	205	236	6
1937	1989	2041	37	68	96	127	157	188	218	249	20	50	81	111
1938	1990	2042	142	173	201	232	2	33	63	94	125	155	186	216
1939	1991	2043	247	18	46	77	107	138	168	199	230	0	31	61
1940	1992	2044	92	123	151	182	212	243	13	44	75	105	136	166
1941	1993	2045	197	228	256	27	57	88	118	149	180	210	241	11
1942	1994	2046	42	73	101	132	162	193	223	254	25	55	86	116
1943	1995	2047	147	178	206	237	7	38	68	99	130	160	191	221
1944	1996	2048	252	23	51	82	112	143	173	204	235	5	36	66
1945	1997	2049	97	128	156	187	217	248	18	49	80	110	141	171
1946	1998	2050	202	233	1	32	62	93	123	154	185	215	246	16
1947	1999	2051	47	78	106	137	167	198	228	259	30	60	91	121
1948	2000	2052	152	183	211	242	12	43	73	104	135	165	196	226
1949	2001	2053	257	28	56	87	117	148	178	209	240	10	41	71
1950	2002	2054	102	133	161	192	222	253	23	54	85	115	146	176
1951	2003	2055	207	238	6	37	67	98	128	159	190	220	251	21
1952	2004	2056	52	83	111	142	172	203	233	4	35	65	96	126
1953	2005	2057	157	188	216	247	17	48	78	109	140	170	201	231
1954	2006	2058	2	33	61	92	122	153	183	214	245	15	46	76
1955	2007	2059	107	138	166	197	227	258	28	59	90	120	151	181
1956	2008	2060	212	243	11	42	72	103	133	164	195	225	256	26
1957	2009	2061	57	88	116	147	177	208	238	9	40	70	101	131
1958	2010	2062	162	193	221	252	22	53	83	114	145	175	206	236
1959	2011	2063	7	38	66	97	127	158	188	219	250	20	51	81
1960	2012	2064	112	143	171	202	232	3	33	64	95	125	156	186
1961	2013	2065	217	248	16	47	77	108	138	169	200	230	1	31

早見表 2

太陽の紋章		
KIN	名称	音
1	赤い龍	音 1
2	白い風	音 2
3	青い夜	音 3
4	黄色い種	音 4
5	赤い蛇	音 5
6	白い世界の橋渡し	音 6
7	青い手	音 7
8	黄色い星	音 8
9	赤い月	音 9
10	白い犬	音 10
11	青い猿	音 11
12	黄色い人	音 12
13	赤い空歩く人	音 13
14	白い魔法使い	音 1
15	青い鷲	音 2
16	黄色い戦士	音 3
17	赤い地球	音 4
18	白い鏡	音 5
19	青い嵐	音 6
20	黄色い太陽	音 7
21	赤い龍	音 8
22	白い風	音 9
23	青い夜	音 10
24	黄色い種	音 11
25	赤い蛇	音 12
26	白い世界の橋渡し	音 13
27	青い手	音 1
28	黄色い星	音 2
29	赤い月	音 3
30	白い犬	音 4
31	青い猿	音 5
32	黄色い人	音 6
33	赤い空歩く人	音 7
34	白い魔法使い	音 8
35	青い鷲	音 9
36	黄色い戦士	音 10
37	赤い地球	音 11
38	白い鏡	音 12
39	青い嵐	音 13
40	黄色い太陽	音 1
41	赤い龍	音 2
42	白い風	音 3
43	青い夜	音 4
44	黄色い種	音 5
45	赤い蛇	音 6
46	白い世界の橋渡し	音 7
47	青い手	音 8
48	黄色い星	音 9
49	赤い月	音 10
50	白い犬	音 11
51	青い猿	音 12
52	黄色い人	音 13

太陽の紋章		
KIN	名称	音
53	赤い空歩く人	音 1
54	白い魔法使い	音 2
55	青い鷲	音 3
56	黄色い戦士	音 4
57	赤い地球	音 5
58	白い鏡	音 6
59	青い嵐	音 7
60	黄色い太陽	音 8
61	赤い龍	音 9
62	白い風	音 10
63	青い夜	音 11
64	黄色い種	音 12
65	赤い蛇	音 13
66	白い世界の橋渡し	音 1
67	青い手	音 2
68	黄色い星	音 3
69	赤い月	音 4
70	白い犬	音 5
71	青い猿	音 6
72	黄色い人	音 7
73	赤い空歩く人	音 8
74	白い魔法使い	音 9
75	青い鷲	音 10
76	黄色い戦士	音 11
77	赤い地球	音 12
78	白い鏡	音 13
79	青い嵐	音 1
80	黄色い太陽	音 2
81	赤い龍	音 3
82	白い風	音 4
83	青い夜	音 5
84	黄色い種	音 6
85	赤い蛇	音 7
86	白い世界の橋渡し	音 8
87	青い手	音 9
88	黄色い星	音 10
89	赤い月	音 11
90	白い犬	音 12
91	青い猿	音 13
92	黄色い人	音 1
93	赤い空歩く人	音 2
94	白い魔法使い	音 3
95	青い鷲	音 4
96	黄色い戦士	音 5
97	赤い地球	音 6
98	白い鏡	音 7
99	青い嵐	音 8
100	黄色い太陽	音 9
101	赤い龍	音 10
102	白い風	音 11
103	青い夜	音 12
104	黄色い種	音 13

太陽の紋章		
KIN	名称	音
105	赤い蛇	音 1
106	白い世界の橋渡し	音 2
107	青い手	音 3
108	黄色い星	音 4
109	赤い月	音 5
110	白い犬	音 6
111	青い猿	音 7
112	黄色い人	音 8
113	赤い空歩く人	音 9
114	白い魔法使い	音 10
115	青い鷲	音 11
116	黄色い戦士	音 12
117	赤い地球	音 13
118	白い鏡	音 1
119	青い嵐	音 2
120	黄色い太陽	音 3
121	赤い龍	音 4
122	白い風	音 5
123	青い夜	音 6
124	黄色い種	音 7
125	赤い蛇	音 8
126	白い世界の橋渡し	音 9
127	青い手	音 10
128	黄色い星	音 11
129	赤い月	音 12
130	白い犬	音 13
131	青い猿	音 1
132	黄色い人	音 2
133	赤い空歩く人	音 3
134	白い魔法使い	音 4
135	青い鷲	音 5
136	黄色い戦士	音 6
137	赤い地球	音 7
138	白い鏡	音 8
139	青い嵐	音 9
140	黄色い太陽	音 10
141	赤い龍	音 11
142	白い風	音 12
143	青い夜	音 13
144	黄色い種	音 1
145	赤い蛇	音 2
146	白い世界の橋渡し	音 3
147	青い手	音 4
148	黄色い星	音 5
149	赤い月	音 6
150	白い犬	音 7
151	青い猿	音 8
152	黄色い人	音 9
153	赤い空歩く人	音 10
154	白い魔法使い	音 11
155	青い鷲	音 12
156	黄色い戦士	音 13

早見表3

ウェイブ・スペル	
KIN	名称
1～13	赤い龍
14～26	白い魔法使い
27～39	青い手
40～52	黄色い太陽
53～65	赤い空歩く人
66～78	白い世界の橋渡し
79～91	青い嵐
92～104	黄色い人
105～117	赤い蛇
118～130	白い鏡
131～143	青い猿
144～156	黄色い種
157～169	赤い地球
170～182	白い犬
183～195	青い夜
196～208	黄色い戦士
209～221	赤い月
222～234	白い風
235～247	青い鷲
248～260	黄色い星

早見表2

太陽の紋章		
KIN	名称	音
157	赤い地球	音1
158	白い鏡	音2
159	青い嵐	音3
160	黄色い太陽	音4
161	赤い龍	音5
162	白い風	音6
163	青い夜	音7
164	黄色い種	音8
165	赤い蛇	音9
166	白い世界の橋渡し	音10
167	青い手	音11
168	黄色い星	音12
169	赤い月	音13
170	白い犬	音1
171	青い猿	音2
172	黄色い人	音3
173	赤い空歩く人	音4
174	白い魔法使い	音5
175	青い鷲	音6
176	黄色い戦士	音7
177	赤い地球	音8
178	白い鏡	音9
179	青い嵐	音10
180	黄色い太陽	音11
181	赤い龍	音12
182	白い風	音13
183	青い夜	音1
184	黄色い種	音2
185	赤い蛇	音3
186	白い世界の橋渡し	音4
187	青い手	音5
188	黄色い星	音6
189	赤い月	音7
190	白い犬	音8
191	青い猿	音9
192	黄色い人	音10
193	赤い空歩く人	音11
194	白い魔法使い	音12
195	青い鷲	音13
196	黄色い戦士	音1
197	赤い地球	音2
198	白い鏡	音3
199	青い嵐	音4
200	黄色い太陽	音5
201	赤い龍	音6
202	白い風	音7
203	青い夜	音8
204	黄色い種	音9
205	赤い蛇	音10
206	白い世界の橋渡し	音11
207	青い手	音12
208	黄色い星	音13

太陽の紋章		
KIN	名称	音
209	赤い月	音1
210	白い犬	音2
211	青い猿	音3
212	黄色い人	音4
213	赤い空歩く人	音5
214	白い魔法使い	音6
215	青い鷲	音7
216	黄色い戦士	音8
217	赤い地球	音9
218	白い鏡	音10
219	青い嵐	音11
220	黄色い太陽	音12
221	赤い龍	音13
222	白い風	音1
223	青い夜	音2
224	黄色い種	音3
225	赤い蛇	音4
226	白い世界の橋渡し	音5
227	青い手	音6
228	黄色い星	音7
229	赤い月	音8
230	白い犬	音9
231	青い猿	音10
232	黄色い人	音11
233	赤い空歩く人	音12
234	白い魔法使い	音13
235	青い鷲	音1
236	黄色い戦士	音2
237	赤い地球	音3
238	白い鏡	音4
239	青い嵐	音5
240	黄色い太陽	音6
241	赤い龍	音7
242	白い風	音8
243	青い夜	音9
244	黄色い種	音10
245	赤い蛇	音11
246	白い世界の橋渡し	音12
247	青い手	音13
248	黄色い星	音1
249	赤い月	音2
250	白い犬	音3
251	青い猿	音4
252	黄色い人	音5
253	赤い空歩く人	音6
254	白い魔法使い	音7
255	青い鷲	音8
256	黄色い戦士	音9
257	赤い地球	音10
258	白い鏡	音11
259	青い嵐	音12
260	黄色い太陽	音13

あなたの「太陽の紋章」と「ウェイブ・スペル」は？

次のページから20種類、それぞれの紋章に授けられているエネルギーについてご紹介していきたいと思います。各紋章の解説ページは以下の通り。

もしも、ご自身の紋章の解説に違和感を感じたとしたら、それは今の生き方と、本来の生き方とにズレがある可能性があります。もしかすると、本来の自分を出せない環境にいたのかもしれませんね。

単純に自分の紋章が当たっているかどうかを見るのではなく、本来の自分について感じながら読んでみてください。また、他の紋章についてもじっくり読むことをオススメします。自分との違い、紋章ごとの違いがわかると、これまで以上に人との付き合い方がラクになると思います。

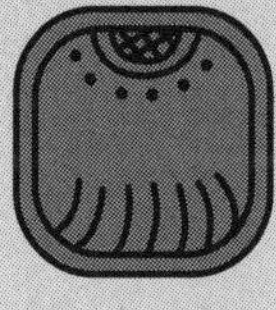

赤い龍（イーミッシュ）

生命を育む母性エネルギーに溢れた面倒見のいいあなた。
命の大切さを実感したときに、人生の転換期が訪れる。

紋章の意味

赤い龍は、20の紋章の最初に出てくる紋章であり、誕生のエネルギーの紋章です。このため勢いがあり創造していく力があります。

また、慈悲の精神を持ち、生命を育む母性のエネルギーに満ち溢れているのが特徴です。

龍のような勢いを持ち、失敗を恐れずに進んでいきます。リーダーシップも強く、率先して物事に取り組む熱血家です。

「命」に非常にかかわりのある紋章で、命を意識する経験をしたり、人の命のために尽力したり、新たな命に恵まれたときなど、命の大切さを実感したときに、人生の変化を迎えることがあります。

性格

真面目で頑張り屋さん。プライドが高いところがあるので、人に弱音を吐くことが苦手です。限界まで尽くし、倒れてしまうことがあるかも。正々堂々と生きたいと考え、力強く頼もしい人。血のつながった人や同族への思いも強いでしょう。

面倒見がとてもよく、アクティブに動きまわることができます。

赤い龍の人にとって弱音を吐くことは、プライドが邪魔をするかもしれませんが、尊敬できる人、神のように頼れる人を見つけると、自分の気持ちをゆだねることができ、ラクになります。

才能・使命

一番目の紋章である赤い龍を持つあなたの才能は、「道を切り開く実行力」「新たなことにチャレンジする行動力」にあります。

また、グループのリーダーとして周囲を引っ張りながら、ゴールに向かう「統率力」も、あなたの大切な能力です。

これらの力を生かしながら、「これだ！」と思ったことに対して、正直に行動し続けること、そして、面倒見の良さを生かして人に尽くすことが、あなたの人生のテーマ。この2つを意識することで、あなた自身のエネルギーも高まることでしょう。

仕事

母性や慈悲の精神が強く、面倒見が良いので医師や看護師、介護士のような仕事も向いています。また、命を育む保育士などのお仕事も良いでしょう。

ゼロからスタートさせることが得意な赤い龍なので、起業家や実業家にも向いています。努力を惜しまず、汗水流して働くスタイルの赤い龍は、ラクして稼ぐような形態は、あまり向いていないでしょう。

「赤い龍の人を雇うと損なし」と言われるくらい、倒れるまで働きつづける傾向があります。健康に関心を持つようにすると良いでしょう。

恋愛

赤い龍の人は、相手の面倒をよく見ることができ、尽くしてしまう傾向にあります。

一方でプライドがじゃまして見栄を張り、心が休まるような恋愛ができにくいかも。自分の弱い部分も出せるようにし、相手にゆだねるといいでしょう。そうしないと、すべてを把握したくなり、予定をしつこく聞くなど、うっとうしく思われかねません。

赤い龍同士はプライドの衝突に注意し、赤い龍の人と付き合うときはできるだけプライドを傷つけないようにしましょう。

健康・美容

無理をして働き続け、体を壊すこともあるのが赤い龍の紋章の人。日頃からサプリメントの摂取や健康を意識するルーティーンを持つと良いでしょう。

水と命と血液は繋がっているように、水に縁がある赤い龍。血液がドロドロしないように、体に良い水をしっかり摂るように心がけましょう。

人間関係をスムーズにするポイント

周囲の人を大切にするあまり、身近な人との距離が近くなりがち。あまりに近すぎる関係は無用な衝突を生むこともあります。

「信じる」気持ちを強めることで相手との距離をうまく保てるようになり、人間関係もスムーズに。

運を呼ぶ行動

ご神水をいただく。血液をサラサラにする食べ物を食べる

落ち込んだときの回復法

あえて人のお世話などをして、忙しく動き回る

人生が好転するタイミング

命の大切さ、ありがたさを味わったとき

ラッキーカラー

ブラッドレッド

ラッキースポット

実家・病院

白い風（イーク）

繊細な感性と感情を持ち、インスピレーションを得やすいあなた。
目に見えない力に助けられやすいでしょう。

紋章の意味

繊細な感性と感情の持ち主です。「風」は目に見えないように、目に見えないものを大事にしていくと良いでしょう。そのなかにはスピリチュアル的なものや、インスピレーションや感性、共感なども含まれています。

目に見えない「何か」を感じ取る能力も強いでしょう。

また、何かを伝えるというメッセンジャー的な役割があります。

敏感で繊細な感受性を持っているのでセンスも良く、芸術で表現していくことも向いています。自分が感動したものなどを伝えていくと良いでしょう。

性格

感受性が豊かで、繊細。傷つきやすいガラスのハートの持ち主です。

女性の場合は、はっきりとものを言う人も多いので、一見強く見えますが、それは虚勢を張っているだけかもしれません。

本質は優しい人で、誰かと語り合いたいと思っています。

しかし風にも微風のような優しい風から暴風まであるように、感情にも波があります。

心が穏やかでないときは、一呼吸おいたり、音楽を聴くと心が和むでしょう。ストレス解消にも音楽や芸術に触れることはオススメ。

ときには優しく、ときには強引になることもあります。

ネガティブなエネルギーには注意して、できるだけ心の風通しをよくすること。

ポジティブな考え方を心がけ、隠し事もしないようにしましょう。

才能・使命

あなたの才能はなんといってもその「豊かな感受性」と、「表現力」。鋭い感性で感じとったことを何かの形で表現し、伝えていくことが、白い風の人の役割です。伝えること、そしてその内容に共感してもらうことで、あなた自身も深い喜びを感じられるでしょう。

仕事

あなたの繊細な感性でキャッチしたことを、周りに伝え、共感してもらえるような職業が向いています。

感受性が豊かですので、ファッションデザイナーや、歌手など、芸術や音楽で自分を表現し、伝えるのもいいでしょう。

絵を描いたり、写真や料理を通して感性を表現することもできます。ピアニストやクリエイターなど表現する仕事も向いています。人と競争するような仕事や飛び込み営業などは得意ではないのかもしれません。

仕事で悩むことがあれば、まずはゆっくり呼吸をして、自分自身の存在を感じること。

寝る前に目に見えない存在に感謝をしたり、悩み事を相談するのもオススメです。

恋愛

かわいらしい態度で、異性に接することが苦手です。それは、自分が傷つきたくないという思いから、強がって、自己防衛をしているのかもしれません。デリカシーのない人が苦手で、自分の話をしっかりと聞いて共感してくれる人に心ひかれるでしょう。

感情のコントロールには気をつけ、強引にならないように注意しましょう。

健康・美容

健康面・美容面でのキーワードとなるのが、呼吸です。

日頃から深呼吸をする習慣をつけ、深い呼吸ができるヨガや気功、瞑想などを取り入れるのも良いでしょう。

また、部屋の中を新鮮な空気で満たすことも大切です。1日に1回は空気の入れ替えをする、空気清浄機を活用するなど、空気をキレイにすることを意識してみてください。

心が繊細なのでメンタルから健康を害さないように。日頃からクラシック音楽などで心を穏やかに保つよう心がけると、心身ともに健康でいられます。

人間関係をスムーズにするポイント

持ち前の共感力の高さで、相手の気持ちをわかってあげられるのが、白い風の紋章のあなた。人間関係においても「風通しのよさ」を心がけましょう。自分をさらけ出し、他者のありのままも受け入れられると、よりよい関係が築けるはず。

運を呼ぶ行動

空気をこまめに入れ替える。風を浴びる

落ち込んだときの回復法

共感してくれる人に話を聞いてもらう

人生が好転するタイミング

自分の存在価値を知ったとき

ラッキーカラー

スノーホワイト

ラッキースポット

クラシックのコンサート・美術館

青い夜（アクバル）

やりたいことや夢がたくさんあるあなた。
人に左右されることなく、自分の世界観をぶらさず歩みを進めましょう。

紋章の意味

「青い夜」のキーワードは「夢」や「豊かさ」。

やりたいことや夢がたくさんある人です。夢を明確にすることで実現させるパワーが出てきます。現実的な考えを持っている人で、夢の実現のためなら食べることや寝る時間を惜しみません。

夢を原動力として夢を実現できるタイプですが、やがて人に夢を与える人となるでしょう。また、「豊かさ」というキーワードを持っているため、お金に恵まれやすいでしょう。

ただ、豊かさを求めるあまり、お金に執着しすぎないように気をつけましょう。お金に対する心配や恐れはできるだけ手放すようにしましょう。

性格

20の紋章の中では、一番マイペースで、周りや環境からの影響を受けないタイプです。

また、八方美人ではなく、誰からも好かれようとは思っていません。自分のことをわかってくれる人に好かれれば良いと考えます。好き嫌いもはっきりしており、少人数での付き合いを大切にします。趣味も一人でできるものや個人競技が向いています。

夢や目標をできるだけ明確にし、紙や手帳に書き出しておくなどして、日々眺め意識してみましょう。夜眠っている間に見る夢からメッセージがいただけることがあります。

ロマンチストなあなたは、自分の世界観を大切にするので、家に閉じこもりがちになることも。できるだけ外に出て自然に触れるようにしましょう。

才能・使命

粘り強く夢に向かう「忍耐力」、そして自分のペースを保って行動できる「意志力」の高さが、あなたの才能です。

その忍耐力や意志力を生かして夢を実現すること、そして、夢に向かうその姿を通して「他者へ夢を与えること」が、あなたの人生の大きなテーマ。「夢の実現」を意識すると、運をつかめるでしょう。

仕事

みんなで夢を見るというよりも、自分の夢を見つけて、それを叶えていくあなた。マイペースに進めていくことができる仕事をオススメします。

自分の夢を叶えるだけでなく、人の夢を叶えるような仕事や、いずれは、あなた自身が人に夢を与えられるぐらいの仕事を目指すと良いでしょう。

財運があり、経済観念がしっかりとしていて無駄遣いも少ないので、お金を管理する仕事も向いています。銀行や株のアナリスト、事務職での経理などにも向いています。

ただし、お金のことで悩みすぎてしまうと、自律神経を崩しやすくなるので注意してください。お金以上に大切なものを見つけることが人生の幅を広げることでしょう。

恋愛

一人の時間も大切にしたいあなたは、恋愛関係もあまりに近い距離感は苦手です。自分の世界や時間を大切にしているだけかもしれませんが、少し見えにくい秘密めいた部分もあると思われることも。

ロマンチストな面があり、ムードを重視しますが、お金にルーズな人を嫌う傾向にあります。青い夜の人には無駄遣いなどは見せないようにしましょう。

健康・美容

「夜」が紋章の中に入っているあなたにとって、大切なのは「夜の時間の使い方」です。特に睡眠の質が、健康や美容に大きな影響を与えます。一般的には、寝る少し前から照明を落とす、携帯やパソコンから離れるなど意識的にリラックスタイムを取ると、眠りの質が高まるといわれています。自分に合った方法を探り、睡眠の質をあげましょう。朝のお手入れより夜のお手入れに時間をかけ、お金もかけると効果があるでしょう。

人間関係をスムーズにするポイント

マイペースなのは、あなたのいいところですが、度がすぎると「自分勝手な人」と思われてしまうかもしれません。相手の気持ちや状況を振り返る時間も持てると、良いでしょう。

運を呼ぶ行動

キャンドルを焚《た》く。夢を書き出す

落ち込んだときの回復法

外に出て、自然に触れながら歩く

人生が好転するタイミング

明確な夢が見つかったとき

ラッキーカラー

ブラック

ラッキースポット

夜景スポット・銀行

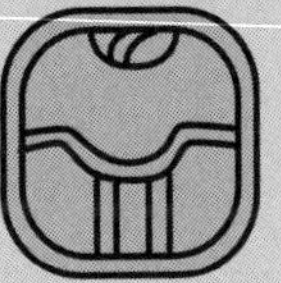

黄色い種（カン）

成長の種を持っているあなた。気づきの水をたくさん与えることで、芽を出し、美しい花をつけることでしょう。

紋章の意味

生命の種、気づき、開花の力という意味がある紋章です。知識欲が旺盛で、学習意欲が高く、納得するまで探究します。しかし、いろいろな種をまきすぎると、一つのことを掘り下げることができなくなりますので、注意しましょう。

研究心が旺盛で、一つのことにのめり込み、その道の専門家になることも。しかし、ギャンブルやお酒など、のめり込むと危険なものもあるので注意しましょう。

気配りができる人が多いのも特徴です。日頃からできるだけ本を読むなどして、気づきの多い生活を送ることで、エネルギーを活性化させることができます。周りの人にも良い気づきが与えられるでしょう。

性格

物事の「種」や「起源」から知りたいという思いがあります。

趣味や勉強なども一つのことをコツコツと積み上げていく人です。また、自分が納得しないとイヤなところがありますので、ときに頑固で融通がきかなくなる可能性があります。

大切なのは柔らかさ。柔軟な姿勢を持ってコミュニケーションを取ることが大切です。柔らかい人ほどストレスも少なく健康でいられるでしょう。逆に頑なになることでストレスが増え、健康を害することがあるかもしれません。

才能・使命

あなたの才能は、「高い知的好奇心」と、「1つのことをとことん掘り下げる探究力」にあります。その生まれ持った力を生かして、知りたいと思ったことを貪欲に学び、そこで知った気づきを社会に還元することが、あなたの使命です。

あなたの気づきが、他者にも良い変化を起こし、あなた自身のエネルギーも高まります。

仕事

とても研究熱心ですので、研究職や学者など、勉強するような仕事も向いています。挑戦することを怖れる人もいますが、殻を破ることで自分自身も開花します。新しいことにもどんどん挑戦していく姿勢を大切にしましょう。

種は土に埋めて、水をやり、柔らかくふやかすことで発芽できます。気づきを得られるような柔軟性が大切です。

理屈っぽい人にならないように気をつけましょう。「そういう意見もありかも」と考え、協調性を身につけるようにすれば仕事もうまくいくでしょう。

恋愛

あなたは、合コンの席でも、小皿をパッと出したり、お酒をパッと注いだりすることができる気配りの細やかな人でしょう。「よく気がつく人」と好印象を持たれやすいです。しかし、すべてにおいて理由付けや結論付けをしないと気が済まないところがあるので、理屈っぽくならないように気をつけましょう。相手をとことん追い詰めないように……。

黄色い種の人は、別れるときも納得しないと別れることが難しいかもしれません。勝手にフェードアウトするのではなく、別れる理由を納得できるように説明してあげるといいですね。

健康・美容

硬い殻に覆われているのが種ですから体も硬くなりやすいのが、黄色い種の人の特長。体も柔らかく保つことでいつのまにか考え方も柔らかくなり、ストレスが減少することも。黄色い種の人にとってストレスは大敵。上手にストレス発散法を取り入れることで、健康体に近づきます。

人間関係をスムーズにするポイント

細やかなところに気が利くあなたのよさを生かしたコミュニケーションがとれると、人間関係はスムーズに。ただ、細かな対応やマメさが行きすぎると「くどい人」「細かい人」になってしまうので、気をつけましょう。

また、つい理屈っぽくなりがちなところがあるため、注意することもポイント。

運を呼ぶ行動

目覚まし時計を使って起床する。専門書を読む

落ち込んだときの回復法

のめり込めそうな本を探して読む

人生が好転するタイミング

目覚めるような気づきがあったとき

ラッキーカラー

サフランイエロー

ラッキースポット

本屋・植物園

赤い蛇（チークチャン）

人見知りでシャイでありながら、熱い情熱を持っているあなた。
本当に好きなものに出会ったときの粘り強さはピカイチ。

紋章の意味

生命力にとても溢れ、エネルギッシュで情熱的な人。本能性が強く、好き嫌いもハッキリしています。好きなものへの集中力は目を見張るものがあります。ときにその集中力の強さは執着ともとれることも。

そのパワーは、勉強に執着すれば、寝食を忘れるくらい勉強し、東大を目指せるほどになるかもしれません。あるいは、野球のバットを振ることに執着すれば、プロ野球選手になることもできるほどです。成長し、大きな成果を手にするためには、自分の向上につながるようなものに執着することがポイントです。

運動神経も良く、身体能力が高いのも特徴です。

性格

人見知りで、恥ずかしがり屋なところがあり、様子をうかがってから心を開いていくようなところがあります。

正義感が強いため、人の不正を許すことができません。自己主張もハッキリしているので、言いたいことを言うところも。そのまっすぐさが周りの人にとってはわかりやすく、好感が持てます。

神経質な人も多いので、できるだけ人の視線を感じない自分だけの空間を持ち、リラックスする時間を多く持ちましょう。また、リラックスできる人間関係も大切です。自分の思いを吐き出せるようにしましょう。

蛇が脱皮する生き物であるように人生の中で成長し、生まれ変わった姿を何度か見せられるといいですね。大切なのは欲望と感情のコントロールです。

才能・使命

熱い情熱を注げる「好きなこと」を見つけ、それにとことん取り組むことで、道が開けていきます。

また、あなたの才能である「高い集中力」「粘り強さ」は、好きなことをする中でより磨かれていくでしょう。生まれ持った「身体能力の高さ」を生かせるものに力を注げると、よりよい成果を得られるはず。

仕事

赤い蛇の人は、自分の好きなものでないと力が出にくいでしょう。本当に好きなものを仕事にしたときは、情熱を持ち、粘り強くやりきるので成功しやすいでしょう。

直感も鋭く、判断能力も優れています。人々にロマンスを与える冒険家をはじめ、政治家やスポーツ選手など多岐に渡り人々に影響を与える存在にもなれます。

仕事中は緊張感を持ち、神経を使っている分、家ではのんびりして過ごすなど、オンとオフの切り替えをしっかりとするようにしましょう。ストレスをためると、体調が悪くなったり体に反応が出やすいので注意してください。

恋愛

スキンシップが大好きなので、恋愛相手には、寄り添い、リラックスできるような人がオススメ。

好き嫌いもはっきりしていて、好きな人にはベターッと寄っていきますが、生理的に受けつけない嫌いな人もいるでしょう。

執着心の強さには注意してください。熱くなりすぎないことが大切です。自分に正直に生きているために、話を聞いてくれる相手がオススメです。

健康・美容

日々、懸命に目の前のことに取り組んでいるからこそ、神経が高ぶりやすいのが赤い蛇の紋章の人。「家に帰ったら仕事のメールチェックはしない」「休みの日はたっぷり眠る」など、体と心を落ち着かせ、回復させるためのルールを作って、意識的に「自分を休ませる」ことが重要です。

人間関係をスムーズにするポイント

正義感の強さは、あなたのとてもよいところ。ただ、それを人間関係に持ち込むと、相手を「ジャッジ」することになり、関係がうまくいかなくなることもあります。人との間で白黒つけられないことがあっても、そこに執着しすぎないで。

運を呼ぶ行動

リラックスして眠る。金運アップのお守りをゲットする

落ち込んだときの回復法

眠りたいだけ眠る

人生が好転するタイミング

人の目を気にしなくなったとき

ラッキーカラー

ファイアーレッド

ラッキースポット

寝室・スポーツ観戦

白い世界の橋渡し（キーミー）

おもてなしの精神に溢れ、コミュニケーション能力の高いあなた。
人と人をつなぐことで世界が開けます。

紋章の意味

人と人との橋渡し役。おもてなしの気持ちが強い人です。

おもてなしというのは、相手にごちそうすることではなく、「相手の立場に立ちながらコミュニケーションを取る」ということですので、コミュニケーション能力が高い人が多いのも特徴です。

政治家や経営者になる人も多い紋章です。このため、野望を持って生きている野心家も。

また、この紋章の「橋渡し」にはあの世とこの世の橋渡しという意味もあり、人の死を通して人生が変わる人も多いようです。

親の死をきっかけに、転職したり、家業を継ぐ人もいます。

性格

温和で争い事を好まない平和主義者。コミュニケーション能力が高く、幅広い人脈を持っています。日ごろからたくさんの人に出会っていくことでエネルギーが高まります。

橋渡し役に徹し、積極的に外に出て人に会い、どんどん器を広げていくことをオススメします。橋を渡すには、お互いのことをよく知っておくことが必要です。また、橋がぶれては渡すことができませんので、ぶれない精神も大切です。

先祖とのかかわりが深く、お墓参りや神仏を大切にすることを心がけましょう。そうすることで先祖からの恩恵も受けやすいでしょう。

才能・使命

ずば抜けた「コミュニケーション能力」、「社交性の高さ」こそ、あなたの才能です。その才能を生かして、多くの人に出会い、その中で自分の器を大きくしていくのが人生のテーマ。

人種、性別、立場を超え、あらゆる人と人、また、人と社会の橋渡しをしていくと運が開けるでしょう。多くの人に出会い関わることで、あなた自身のエネルギーも高まります。

仕事

コミュニケーション能力が高くホスピタリティがあるので、人と接する営業や接客業、ホテルマンなどが向いています。また、上昇志向が強く、スケール大きく生きたいという思いもあるので、経営者や政治家にも多いです。世界を股にかけて活躍する人もいます。

コミュニケーション能力を生かし、対立やもめごとの調整役、また、多くの人をつないでいくことで活躍できるでしょう。

恋愛

温厚で、相手との空気を読むタイプですが、相手を自分の思い通りにしたいと思うようになると、恋愛関係がうまくいかなくなってきます。コミュニケーション能力が高いがゆえに、我が強くなってくると、相手のことをコントロールしようとしがちです。恋人関係であっても、常に謙虚な気持ちを忘れずに。相手のことを思いやることが大切です。

恋人がいない人は、飲み会やパーティーなど、人の多く集まるところに出掛けたりするなど、人脈を広げていくなかで、素敵な人とめぐりあうことができるでしょう。

どちらかというと、仕事優先タイプですので、「恋愛よりも仕事」という傾向になる人もいます。

健康・美容

人に出会う機会も多く、出会った人と良好な関係を築けるのが、あなたの特長。交友関係が広いと会食や飲み会が多くなり、不健康なライフスタイルに陥ってしまうこともあります。

人への気遣いやおもてなし精神が高いからこそ、他人を優先しがちなので、自分を休ませる・ケアする日を意識的に設けましょう。

人間関係をスムーズにするポイント

相手の性格や特性を尊重でき、チーム内での意見のすり合わせも得意…。自然に「人と人との潤滑油になれる」あなたなので、自然体でいれば、人間関係で大きなトラブルに見舞われることはないでしょう。

対人能力が高いからこそ、「他者を思い通りに動かせる」と感じてしまうかもしれませんが、その考えは命取り。常に周りへの感謝を忘れずに。

運を呼ぶ行動

お墓参り。いろいろな国の料理を食べる

落ち込んだときの回復法

人に会って会話を楽しむ

人生が好転するタイミング

死と向き合うことが起きたとき

ラッキーカラー

フォレストグリーン

ラッキースポット

お墓・多国籍料理屋

青い手（マニーク）

癒やしの力と優しい心を持ったあなた。その献身的な優しさがあなたをチャンスへと導き、高い分析力で必ずや幸せをつかみとることでしょう。

紋章の意味

癒やしのエネルギーを持っており、人に尽くすことができる人です。またゴッドハンドの持ち主で手先が器用です。

青い手の人は、体験することで覚えていくタイプです。もしかしたら、尽くした人に裏切られるなんてこともあるかもしれません。しかし、そのことを通して人の痛みを理解し、人を癒やすことができるのです。どんな体験もマイナスではなく、チャンスへと変わる日がくることでしょう。

相手を理解し、把握する能力も持ち合わせている人です。

性格

いつも考え事をしているため、分析力に優れています。しかし、考える事で心配事が増えていき、頭が休まらない……なんてことも。心配で夜も眠れないという人もいるでしょう。

このようなときは、考えるよりも実際に体験することをオススメします。

とても優しい人が多く、心は繊細で傷つきやすいです。中にはトラウマを持っている人も。体験したことをトラウマに持つのではなく、人の痛みを理解するための経験だと思うようにしましょう。

また、話し出すと止まらない傾向もあります。

悩みや問題の抱えこみすぎには注意し、定期的に誰かに話を聞いてもらうようにしましょう。

話しているだけで心が整理され悩みが解決することもあります。

才能・使命

「人の気持ちを理解し、癒すことができる優しさ」は、誰にも負けません。

この優しい心こそ、あなたの才能。

人生のテーマは「体験」にあるので、実際に自らさまざまなことを体験してみましょう。多くの体験をすることで、人の心の機微もよりわかるようになり、才能も開花されていきます。

仕事

手先が器用でゴッドハンドの持ち主。このため、手を使う仕事が向いています。料理人や整体師、美容師、エステティシャン、ネイリストなどもいいでしょう。また癒やしのお仕事、ヒーラーやカウンセラーも向いています。

どちらかというと大器晩成型で、これという職業が決まらない人もいるかもしれません。いろいろな体験をしていくうちに、自分に合う仕事が見つかるでしょう。手抜きをせず、面倒臭いことでも手をかけてやりましょう。

また、真面目で抱え込んでしまうところがあるので注意してください。何事も抱え込みすぎないようにしましょう。

恋愛

献身的なタイプです。手料理を作ったり、マッサージなどで体を癒してくれることも。

ただし、尽くしすぎには注意しましょう。都合のいい扱いをされたり、尽くしすぎて振られてしまい傷つくこともあるでしょう。

傷ついた人は恋愛に対して臆病だったり、心配しすぎな面も。

青い手は体験をすればするほど経験値も上がるので、恋愛に関しても、たとえ嫌な思いをしたとしても、それが次につながり、最後にはチャンスをつかむはず！　積極的に行動しましょう。

健康・美容

優しくて真面目なため、一人でストレスを抱えこむ傾向にあります。たまったストレスは、体や心のさまざまな不調につながることもあるので、注意が必要。考えても答えが出ないものは考えないようにして、「家中を掃除してピカピカにする」など、自分の体を動かすかたちで、こまめにストレス発散をしてくださいね。

人間関係をスムーズにするポイント

優しいからこそ、言いたいことが言えずに一人で悶々と悩んでしまうことがあります。悩んだり気になったりすることがあれば、抱え込まずに信頼できる人に相談してみましょう。自分の殻を破り、「人と会話をすること」で、問題解決のヒントが見つかるかもしれません。

運を呼ぶ行動

体のメンテナンス。手仕事を丁寧にする

落ち込んだときの回復法

手を使って、家の掃除をする（床の拭き掃除など）

人生が好転するタイミング

トラウマを受け入れることができたとき

ラッキーカラー

インミンブルー

ラッキースポット

マッサージ店・海

黄色い星（ラマト）

輝く星のように、完璧な美を追い求めるあなた。その高いプロ意識が芸術性と結びついたとき、新しい世界の扉が開かれることでしょう。

紋章の意味

この紋章には、「優雅さ」「美しくする」という意味があり、美意識がとても高いところがあります。いつも美しいものに囲まれて過ごしたいと思っています。センスよく、おしゃれな人が多くみられます。

環境の影響を受けやすく、部屋が汚れていたり、人間関係がぐちゃぐちゃしていると、自分のエネルギーも落ちてしまいます。できるだけ部屋も人間関係もスッキリさせておくことが大切です。

また、プロ意識が強く完璧を求めます。

煩わしいことが苦手で、サバサバしているので、少しきつい人に見られることもありますが、心にゆとりを持つことで、言葉も柔らかくなり、優しい印象を与えることができるでしょう。芸術に触れる時間を持つことをオススメします。

性格

職人気質なところがあり、何でも完璧にやろうとします。こだわりも強く、妥協せず仕上げまできっちりとする傾向があります。

ただ、自分はそれでもいいですが、相手に完璧を求めることはやめましょう。できるだけ寛容な心を持ち合わせることが大切です。

人間関係に関しては、自然体であっさりしているタイプ。ストレスがたまってきたなと思ったら、部屋をきれいに掃除するなど、目に付くものを整理整頓すると、気分もすっきりします。

才能・使命

20ある紋章の中で、最も美意識が高いのがあなた。さらに妥協せずに物事に取り組める「プロフェッショナル」でもあります。この2つの才能を生かし、自分の「理想の美」を創り上げることで、あなたの人生もより豊かになっていきます。

また、その向上心をもって自分磨きに力を入れるとエネルギーが活性化していきます。

仕事

美意識が高いので、芸術やファッション、美に関する仕事も向いています。頑固で妥協せず、こだわりが強いので、プロフェッショナルを目指すといいでしょう。

医者や建築家、人を美しくするエステ関係などのお仕事も良いでしょう。単純作業であっても集中し、とことんこだわって仕上げる力もあります。

黄色い星は人に厳しいところがありますので、部下を批判するのではなく、できるだけ尊重できるように心がけましょう。あまり、完璧を求めすぎると、自分もしんどくなってきます。心にゆとりを持ち、妥協との付き合い方を上手にすると、仕事もスムーズにいくでしょう。

恋愛

黄色い星の人は美しいものが好き。相手にも美を求めます。男性は美しい女性を好み、女性も男性の手が美しいとかヒップの形が美しいから好きなど、どこかに美を求める傾向があります。自分自身も、美に対しては妥協をせず、自分磨きを怠りません。

そのため、異性に対しても理想が高く、相手がなかなかみつからないことも。いつのまにかプライドもハードルも高くなっていることがありますので、今一度、自分のハードルを見直してみましょう。

健康・美容

もともと美容には意識が高い人が多く、その延長線上で健康に気をつかっている、また、ストイックに体を整えている人も多いでしょう。無理せず、自分のペースで心身のケアを続けられるといいですね。部屋の乱れなど、周囲の環境が心身に大きな影響を及ぼすので、身の回りを清潔に整えることを心がけて。

人間関係をスムーズにするポイント

完璧主義なあなたは、自分と同じものを他人にも求めがち。他者に厳しくしすぎると、周りから人がいなくなってしまうこともあるので気をつけましょう。仲間のミスを受け入れたり、「人は人。自分は自分」の精神で、他者の考え・やり方を許容できると、あなた自身もずっとラクになるはずです。

運を呼ぶ行動

美容にお金をかける。部屋を美しく整える

落ち込んだときの回復法

ウィンドウショッピングに行き、欲しいものを買う

人生が好転するタイミング

自分の理想がはっきりとしたとき

ラッキーカラー

ゴールデンイエロー

ラッキースポット

プラネタリウム・高級ホテル

赤い月（ムールク）

強い信念と華やかなオーラを持ったあなた。使命感を感じて取り組んだことは、新たな流れを作り出していくことでしょう。

紋章の意味

新しい流れを作る改革者という意味があります。新しいものを生み出すために命をかけることができるほどの使命感を持ち合わせています。普段は腰が重くても、これというものを見つけたときは、命がけで徹底してやり遂げようという強さがあります。使命を感じるものに出会うことが大切です。

また、「月」は自分では光ることができず、太陽の光を反射させて光っていることから、周囲からの影響を受けやすいところがあります。できるだけ自分のことを応援してくれる人を見つけて、付き合うようにしましょう。

性格

20の紋章のなかで、一番頑固と言われているほど、一度決めたものに対しては、絶対動かさないくらいの徹底力があります。

でも、それは意固地というよりも、必ず遂行するという意味での頑固さです。ただ、マイナスエネルギーの影響も受けやすいので、自分を批判するような人とは、できるだけ距離を置くことをオススメします。

「どうせ私なんて」と自己卑下になり、エネルギーがどんどん下がってしまいます。

本来底力もあり、困難な状況でもめげずに乗り越える力を持っています。理想も高く、いつも何かを改善したいという欲求も持ち合わせています。

自分の役割、天命と思えるものに全力で尽くす人です。

才能・使命

志を持ったときの「意志力」「遂行力」はピカイチ。この「強さ」こそ、あなたの才能です。その力を生かして、「新しい流れを作りだす」「新たな道を拓く」のが、人生のテーマといえます。「これは私がやるべきことだ」という使命を感じられるものに出合えると、人生が大きく動きます。

仕事

頭の回転も速く、飲み込みが早いため、高い能力を発揮し、仕事ができる人が多いです。

新しい流れを生み出すことができるので、クリエイターや発明家などの仕事にも向いているでしょう。業種は問いませんが、使命感を感じられる仕事がいいでしょう。

政治家にも赤い月を紋章に持つ人が多く、歴史に残るような大きな改革をしている人が多いです。

赤い月に水の力というキーワードがありますので、お酒を扱う水商売も向いています。

美男美女が多く、華やかなオーラがあるのも特徴で色気のある人も多いです。

恋愛

色気があり、モテるタイプが多いようです。自分のことを認めてくれ、プラス思考の人と付き合うことで、あなたも輝くことができるでしょう。

赤い月の人には何か使命感を感じさせると良いかも。

家事を手伝ってもらいたい夫には「あなたが一番上手だわ」など使命を感じてもらうと良いかもしれません。また、相手の言動から真意を見抜く直感があり、本音と建前の矛盾に悩む繊細さも持っています。

健康・美容

周囲の影響をかなり受けやすいので、できるだけ自分の周りの環境を整えるよう意識しましょう。

また、「水」「浄化」がこの紋章のキーワード。適度な運動などで体をデトックスすること、また、体をあたためる食事を意識して、冷えに注意することで心身の調子が上向きに。

人間関係をスムーズにするポイント

周りにいる人のパワー（ネガティブなものでも、ポジティブなものでも）に強く影響されるので、できるだけ「自分によい影響を与えてくれる人」と過ごすようにしましょう。

クールに見えて感性が豊かなので、ときに感情のコントロールが難しいこともあります。カッとなったときの感情コントロールが人間関係を円滑に進めるカギです。

運を呼ぶ行動

お風呂に塩を入れて入る。毎月1日に朔日《ついたち》参り

落ち込んだときの回復法

ゆっくり温泉につかり、体も温めて自分自身を取り戻す

人生が好転するタイミング

自分の使命に気づいたとき

ラッキーカラー

ピーチピンク

ラッキースポット

お風呂・酒場

白い犬（オク）

正直、誠実、忠実な精神の持ち主のあなた。信頼関係を築き上げていくことが、安定した居場所につながっていきます。

紋章の意味

誠実・忠実・家族愛の人。忠誠心をもってご主人さまにお仕えするように、何か仕えるものがあったほうが力を発揮しやすいでしょう。人にお仕えするだけではなく、天にお仕えしたり、自分の理想に仕えてもかまいません。宗教的なものでも良いでしょう。

厳しい環境でも、忠誠心があることでへこたれることなく辛抱強く、信頼を勝ち取っていくことができます。

情愛溢れる人でもあり、人間的温かさを持ち合わせています。ときに、身内に厳しく接することもありますが、それは厳しさも愛のうちと考えているからです。

性格

正直で、誠実な人です。信頼されることで、力が出るタイプです。

身内に対しては厳しい面もありますが、とくに家族のための犠牲なら喜んで引き受ける家族思いな人。理論武装するというよりも感覚の人ですので、思ったことを正直に、すぐ口に出してしまうようなところがあります。言葉の失敗には注意しましょう。感覚型のため順序立てて話すことが苦手なようです。

犬のような人懐っこさがあり、情もあります。

この人だと思った人には忠誠や忠義を尽くします。家族のように思える人を一人でも多く増やしていくと良いでしょう。

気をつけることは、キャンキャン、ワンワン吠えないようにすること。要は感情のコントロールを大切にしてください。

才能・使命

「これぞ」と思ったものに、誠実・忠実に取り組むことができる。それがあなたの才能です。その良さを生かし、身も心も捧げられるものを見つけて、献身的に取り組むことで、あなた自身のエネルギーも高まるでしょう。

また、「愛」がテーマの紋章でもあります。あたたかな愛情を感じられる家族のような人、そんな居心地のよい場所を増やしていくことが、人生のテーマです。

仕事

仕事も忠実で、国に仕えるような公務員も向いています。または政治家や社長の秘書も良いでしょう。

リーダーやトップに立つのに不向きというわけではありませんが、いきなりリーダーになるのではなく、誰かに仕えてからトップを狙うとよいでしょう。会社を家族のような雰囲気にすることもオススメです。

家族思いで、家族と過ごす時間がエネルギーとなるので、ライフワークバランスも大切に。

恋愛

嘘がつけない正直な人です。できるだけ早く家庭を持つことで安定するでしょう。家庭の中でのルールや規則が厳しくなる傾向があるかも。

家（犬小屋）が好きですので、居心地のよい家には、まっすぐ帰っていきます。

気分転換に外出したり、おいしいものを食べに行くとエネルギーが高まります。

正直に言うことに重きをおいているため、ときに相手を傷つける発言をしてしまいケンカになることも。言葉の失敗に注意するためにも、相手への思いやりと感情のコントロールを課題にしてください。

健康・美容

白い犬の紋章の人にとって、「家」は大事なキーワードになります。

居心地のいい家で過ごすことが健康にとって重要なので、インテリアだけでなく、室内の温度や湿度、防犯面、衛生面などにも気を配りながら、住環境を整え、毎朝のルーティーンを大切に生活してみましょう。

人間関係をスムーズにするポイント

とても素直なため、悪気のないひと言で相手を傷つけてしまうことがあります。発言する前に一呼吸置き「これは伝えても、大丈夫かな？」とチェックできると、無用なトラブルを防げるでしょう。心を通わせられる愛あるコミュニケーションをとれると、運気が上がります。

運を呼ぶ行動

犬と触れ合う。朝のウォーキング

落ち込んだときの回復法

家族で食事を囲んで、安心する時間を持つ

人生が好転するタイミング

家庭を持ったり、家族のように思える大切な人と出会ったとき

ラッキーカラー

シーグリーン

ラッキースポット

同窓会・仏壇の前

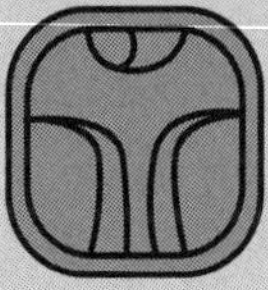

青い猿（チューエン）

アイデアとひらめきに満ちた天才型のあなた。
自由な発想で、どんな困難も乗り越えていくことができるでしょう。

紋章の意味

アイデアとひらめきに恵まれた天才型です。道化師という意味もあり、サービス精神が旺盛で、人を楽しませてくれる人です。困難なことや壁に突き当たっても、創意工夫で乗り切ることができるでしょう。

楽しいことが大好きな自由人ですので、できるだけ型にはまらず、のびのびと過ごしていくことをオススメします。

個性的ゆえに、良い意味で人から「変わっているね」と言われることもあるでしょう。

性格

遊び心があり、ユニークな一面も。拘束されることが嫌いで、自由に生きたいタイプ。

創造力が豊かで、人と違う視点を持っています。スピリチュアル的なことに興味がある人も多いです。人を喜ばせることが自分へのエネルギーとなりますので、サービス精神をどんどん発揮していきましょう。

困難なときも決して深刻にならないよう気をつけましょう。深刻になった時点で、宇宙とのつながりが遮断され、ひらめきやアイデアが降りてこなくなります。

できるだけ、ゲーム感覚で楽しく乗り越えるようにしましょう。

注意事項は自分を特別だと思い、上から目線にならないよう気をつけること。また、空気を読む賢さも大切です。思いやりを忘れず、目の前の人を喜ばせるようにしましょう。

才能・使命

「豊かな創造力」「ユニークなアイデア」こそ、あなたの才能。あふれ出るひらめきが消えないよう、自由に、楽しく行動できる場所に自分を置きましょう。

そして、その天才的な才能を生かして、「人を楽しませる」のがあなたの人生のテーマ。多くの人を笑顔にすることで、あなた自身のエネルギーが活性化していきます。

仕事

責任を負うことが苦手ですので、自由にのびのびとさせてもらえる環境が良いでしょう。タレント、お笑い芸人など、エンターテイメント性のあるものも向いています。

会社勤めでもかまいませんが、規則が厳しい会社ではなく、フレックスタイム制や、服装も個性を認めてくれるような会社を選ぶと良いでしょう。

アイデアや企画力、ひらめきに優れていますので、CMディレクターや、映像制作、玩具やバラエティグッズの開発など、クリエイティブ関係の仕事も良いでしょう。好きなことに関わることでエネルギーが高まります。

恋愛

恋愛を楽しむタイプです。サービス精神が旺盛ですので、デートでいろいろなところに連れていってくれたり、サプライズでプレゼントを用意してくれたり、映画やドラマに出てくるような恋愛が得意です。ただ、少し飽きっぽいところもあり、熱しやすく冷めやすい人もいるでしょう。

できるだけ束縛せずに、自由にさせてあげることが大切です。何事も一緒に楽しめる人でもあります。

健康・美容

自由にのびのび生きていれば心身ともに健康な人が多いのが、この紋章の特徴。健康面で悩むことは少ないでしょう。

ただ、インスピレーションが湧かなくなったり、楽しいことが見つけられなくなったら要注意。疲れがたまっている証拠かもしれません。心から楽しめることを見つけ、エネルギーを補いましょう。

人間関係をスムーズにするポイント

「楽しむ」「自由」が、あなたのキーワード。そのため、友達同士であっても、自由を阻害されるような関係（束縛）や、湿っぽい関係は好きではありません。「自由に振る舞えないな」「なぜか楽しくないな」と思ったら、思い切ってその人とは距離を取ってみてもよいでしょう。

運を呼ぶ行動

カラフルなものを身につける。13日に1度は思いっきり遊ぶ

落ち込んだときの回復法

時間を忘れるくらい楽しめる場所に行き、遊び尽くす

人生が好転するタイミング

自由を楽しみ出したとき

ラッキーカラー

アクアブルー

ラッキースポット

遊園地・マジックバー

黄色い人（エブ）

生きる姿勢にこだわりを持っているあなた。自分の秀でたところをどんどん伸ばすことで、一つの道を究める生き方へとつながるでしょう。

紋章の意味

黄色い人には、道というキーワードがあります。自分の生き様や、生きる姿勢にこだわりますので、道を踏み外すことは嫌います。

自分の得意なものや、長所を見つけて伸ばす生き方が合っています。勉強、スポーツ、芸術のほか、柔道、剣道、書道、茶道など、道が付くものに縁を持つのも良いでしょう。充実した日々を送ることでモチベーションが上がり、力を発揮していくことができます。

性格

こだわりが強く、他の人から見ると、「何でそこにこだわるの？」と言われることも。周りの空気を読みながら、こだわりすぎには注意しましょう。

また、人から強制されることを嫌い、自由に意思を決めたい人でもあります。人としての道を踏み外すことが嫌いで、道理を貫く生き方が向いています。

理解力に優れ、飲み込みが早いため、理解力が遅い人にはせっかちになることも。

話している途中で、「こういうことを言いたいのだろう」と話の着地点がわかってしまい、相手よりも先に答えを言ってしまうことも。できるだけ相手の話は最後まで聞き、せっかちにならないように気をつけましょう。

自分の秀でている部分を中心に伸ばしていくことで人に影響を与える人になるでしょう。

才能・使命

一つの道を究めていく「探究力」、そして、一を聞いて十を知る「理解力の高さ」があなたの才能です。

それらを生かして、自分の信じる道を歩み続けるのが、あなたの人生の使命。そうすることで、あなた自身のエネルギーが高まり、さらに、周囲にも良い影響を与えるはずです。

仕事

黄色い人は、「自由意思」といって、自分の意思は、自由に決めたいと思っています。そのため、親の敷いたレールに乗るのが嫌なタイプ。

家業を継いだり、親の紹介で仕事を決めるのではなく、本当に自分がやりたいと思う仕事に就くようにしましょう。

一芸に秀でている人が多いので、自分の得意な分野を究め、それを仕事にして収入を得るようにするといいでしょう。

影響力がある人ですので、スポーツ選手やアーティストなど、人前に出て、人を感動させるような仕事も向いています。自分で道を切り開いていくことができるタイプです。

恋愛

こだわりが強いので、それを理解してくれる相手がベストです。また、自分はしつこいところがあるのに、人にしつこくされるのが嫌いなので、自由にさせてくれる人を好みます。

はたからみると、ちょっと気まぐれで、気難しい感じにみえますが、決して攻撃するようなタイプではありません。日ごろから、相手への思いやりを忘れないようにしてください。あなたの良いところを伸ばし、恋愛、人生、仕事においても最高のパートナーとなる相手に出会うことが大切です。

健康・美容

「こうすべき」「こうあるべき」というこだわりの強さが、ライフスタイルに出ることもあります。そのこだわりが、うまく作用すればいいのですが、裏目に出ることも。こだわりが強すぎて「無農薬のものしか食べない」「添加物は一切とらない」など、自分を縛る鎖が増えると、生活が楽しくなくなるので、過度にルールを作りすぎず、ゆるく考えることも大切です。

人間関係をスムーズにするポイント

自分の良さを理解してくれる人に出会えるかどうかが、人間関係を充実させるうえで大きなポイントとなります。また、あなた自身の「聞く力」を高めるのも、関係構築にとても重要です。頭の回転が速く、話すことはもともと得意なほうなので、会話では「しっかり聞く」を意識してください。相手の意見をすべて受け止めると、コミュニケーションの質が高まります。

運を呼ぶ行動

お気に入りのマイカップをゲットする。感動する映画を観る

落ち込んだときの回復法

自分の優れた部分を紙に書き出し、自信を取り戻す

人生が好転するタイミング

自分の長所に気づいたとき

ラッキーカラー

ブロンズ

ラッキースポット

達人がいる場所・伝統芸能

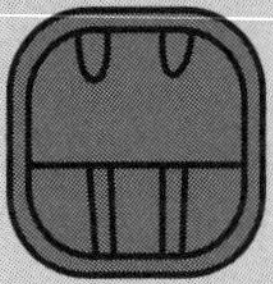

赤い空歩く人（ベン）

人の成長を手助けする、ボランティア精神に溢れたあなた。その面倒見の良さがあなたを助けることにつながるでしょう。

紋章の意味

奉仕の人です。面倒見が非常によく、良識的な面を持ち合わせているため、指導者としての能力も高いでしょう。人々を覚醒に導く教えを与えていくようにしましょう。

人のため、世のために尽くすことができる人です。空を歩くように好奇心旺盛で、強気な部分も持ち合わせる冒険家。まだ見ぬ世界への関心も強いことでしょう。

性格

ボランティア精神旺盛で社交的な人。

好奇心が強く、不思議なものにも関心を持ちます。

社交家も多く、いろいろな場所に顔を出す人も。人付き合いや面倒見がよい姉御肌タイプですので、お財布の紐も緩く、気前よくごちそうしてくれる人も多いです。

しかし、感受性が強いため、ときに傷つき引きこもりがちになってしまう人もいます。一人でゆっくり内観する時間も設けるようにしましょう。

女性の場合、母性本能をくすぐられることで苦労を自ら背負ってしまうところも。

中には落ち着きがなく、いつも彷徨《さまよ》っている人もいるかもしれません。天と地を結ぶはしご役でもあることから、一時の感情に流されず、揺るぎない志を持って生きていくようにしましょう。

そういう意味でも、地に足をつける生き方、要は今この瞬間に意識を向けることをして、落ち着きを大切にしていきましょう。

才能・使命

人を助けたいという「面倒見の良さ」がずば抜けているのが、この紋章の人。困っている人に手を差し伸べ、導くことができる――。

その才能を生かし、人や社会に奉仕していくことこそ、あなたの人生のテーマです。誰かを応援、支援することで、あなた自身も向上できます。

仕事

人の成長を手助けする役割があるため、教育的な仕事が向いています。ボランティア精神にもあふれた人ですので、NPOやNGOといった非営利団体も悪くはありませんが、どちらかといえば、しっかりと本職で稼ぎ、そのお金を人のために使うといったほうが合っています。

赤い空歩く人は、感受性の強さを文章で表現するのも向いています。詩人や作詞家、作家など、文章を書く仕事も良いでしょう。

また、自分がやっていることが、世のためになると思うと力が出るタイプです。大切なのは、自ら現場に行くことです。

現場の「気」を感じることで、会話や状況の中から精度の高い判断ができるでしょう。

恋愛

人助けの気持ちが強い赤い空歩く人は、恋愛でも「面倒を見たい」という気持ちが強く働く傾向があります。

このため、少し頼りないくらいの人に惹かれやすいようなところがあります。付き合うと見返りを求めず、とことん相手に尽くしてしまうでしょう。

このような恋愛は他人から見ると、ヤキモキしますが、相手に奉仕することが喜びとなるタイプです。

健康・美容

人に奉仕することが役割のため、どうしても自分のことがおろそかになりがちです。意識的に自分を休ませる時間を取るようにしましょう。散歩・ウォーキングなど、「歩く」にまつわる運動を取り入れると、心身ともにリフレッシュできます。

人間関係をスムーズにするポイント

基本的には社交的な人であり、交友関係も広いでしょう。相手が家族でも友人でも、職場の人であっても、尽くすことに喜びを感じますが、そればかりに意識が向くと、相手の気持ちを置き去りにしてしまうことがあります。「こんなに尽くしているのになぜ…?」と、後々思わないためにも、相手の気持ちを客観的に考える習慣をつけましょう。

運を呼ぶ行動

冒険してみる。自分の空間をお気に入りのもので揃える

落ち込んだときの回復法

大好きな空間に行き、一人きりで気持ちを落ち着かせる

人生が好転するタイミング

勇気を出して未知の世界に飛び込んだとき

ラッキーカラー

サンセットピンク

ラッキースポット

空港・歩く歩道

白い魔法使い（イーシュ）

常にベストを尽くして生きている真面目なあなた。「愛」と「許し」に意識を向けると生きることがぐっとラクになることでしょう。

紋章の意味

魅了する力、受容という意味があります。真面目に常にベストを尽くして生きています。だからこそ、自分が正しいと思いすぎないように気をつけましょう。

白い魔法使いは、「愛」と「許し」がテーマです。人を受け入れることで魅力ある存在として輝くことができるでしょう。どれだけ人を許せるか。そして、どれだけ自分を許せるか。自分を許すことができない人ほど、人を許すことはできません。まずは自分を許すことから始めましょう。

性格

一度これだと決めれば、一途に一生懸命取り組むとても真面目な性格ですが、取り越し苦労なところがあり、まだ起きてもいないことを想定し、心配する癖があります。頭で考えすぎるのではなく、感覚的なものも大切にしたり、やることをやって結果は天にゆだねる生き方をしてみましょう。

情に厚く、のめり込むくらいに相手に尽くします。とても魅力的な雰囲気をお持ちの方も多いです。

また、お姫様願望のような、注目されたいという意識がある人も多いようです。それだけ魅力的な人なのですが、自己中心的になり、意固地にならないよう気をつけましょう。

自分が正しいと思いすぎたときにトラブルがやってきやすいです。オススメは陰徳積善の生き方です。

陰で徳を積むことで運が開けるでしょう。できるだけ打算的な考えは手放してください。

才能・使命

真面目に目の前のことに取り組めるひたむきさは、あなたの才能。「これだ」と思うことに取り組むときの「集中力の高さ」も、持ち合わせています。

真面目ゆえに、自分にも他人にも厳しくなりがちですが、そこで「どれだけ人と自分を許せるか」で、運命が変わります。

あなたの人生のテーマは「許すこと」にあるのです。人や出来事、そして自分を許せたとき、あなたの魅力はより輝くことでしょう。

仕事

何事もベストを尽くそうとする人ですので、どんなお仕事でも大丈夫です。

しかし、自分のことや人のことを許せないと、職場の人間関係が仕事に大きく影響します。決して誰かを責めることなく、自分ができることを人目を気にせずとことんやっていきましょう。

真面目ゆえに真剣に仕事と向き合うため、お昼休憩などはきちんと取ってリラックスすると、午後からのお仕事にも力が入るでしょう。

魅力あふれる人が多い紋章ですので、タレントやモデル、ヒーラー、宗教に関わるようなお仕事も向いています。

恋愛

純粋で魅力的な人ですが疑うことなく人を信じるところがあるので、だまされないように気をつけてください。たとえだまされたとしても恨みを持ちつづけず勉強になったと受け入れる寛容さが大切です。

少し融通がきかないところがあるので、相手に対しても自分が正しいと思って、意見を押し付けないようにしましょう。

承認願望が強いので、白い魔法使いの人と付き合うときは、ちょっとしたことでも、きちんと褒めるようにし、「あなたを見ている」というのをアピールしましょう。

健康・美容

「ベストを尽くしたい！」と意気込んで生きているため、無意識のうちに無理をしがち。オンオフの切り替えはしっかりつけて、休みを取る自分を許してくださいね。

ハーブティー、香草を使った料理、ハーブを使った化粧品などは相性がいいことが多いので、好きなものを取り入れてみてください。

人間関係をスムーズにするポイント

相手の過去の失言や行いなどが、いつまでも許せないことがあります。過去を引きずるとあなたにとってもいいことがないので、「許し」を意識し、忘れる努力を。また、自分の間違いやミスを認められないところもあります。自分に非があるときは、素直に認めると人間関係はスムーズに。

運を呼ぶ行動

お気に入りの長傘や杖を持つ。間違えたときは素直に謝る

落ち込んだときの回復法

複雑に考えずにおいしいケーキなどを食べて気持ちを切り替える

人生が好転するタイミング

自分自身を許せたとき

ラッキーカラー

オパール

ラッキースポット

お笑いライブ・猫カフェ

青い鷲（メン）

先を見通す力に長け、戦略的な眼を持ったクールなあなた。
大局的に物事を捉えるようにするとうまくいきます。

紋章の意味

勘が鋭く直感的なひらめきを持つクールな人。頭の回転が速く、先のことを見据える力があるので、まだ誰もやっていないことをしたりして成功する人もいます。とはいえ、打たれ弱い面もあり、それほど心が強いわけではありません。モチベーションが下がってしまうと、絶望感に包まれることも。常に自分のモチベーションを維持することが大切です。

いつも心が満たされているようにすると良いでしょう。

性格

鷲のように鋭い目で、人の心の動きをよく見ています。

そのため、相手は自分のことを今、どう思っているのだろうとか、自分を気に入ってくれているのかなど、人の心の動きを読み取りネガティブになってしまうところも。大切なのはネガティブさのコントロールです。

人に対してもクールに見るため、相手を批判して傷つけてしまうこともあるので、厳しくなりすぎないように注意しましょう。

奉仕や人を助けたいという救済意識も持ち合わせており、NOと言えずに心がクタクタになることも。自分に休息を与えることも大切です。

鷲は空高く飛び、全体を見ているため、全体が見えていないと不安になるところがあります。会議や講義などでも、一番後ろの席に座る人が多いのが特徴です。常に動いていることがエネルギーにつながります。

才能・使命

観察眼の鋭さは20個ある紋章の中で一番。「先を見通す力・物事を俯瞰して考える能力」が高いのも、青い鷲の人の特徴であり、才能です。

時代の流れを読み、新たなビジョンを実現するために行動することが、青い鷲ならではの使命。鷲が大空を羽ばたくように、活動的に行動することで道が開けていきます。

仕事

とても頭がよく、先を見据えることができるので、仕事に恵まれています。人の心の動きも見ているため、交渉事も得意です。

女性であっても、家庭に入るというよりは、仕事に生きるタイプが多いようです。

仕事は優秀ですが、詰めが甘いところがあります。資料なども誤字脱字がないか最後まで確認を怠らないようにするか、その辺をきちんとサポートしてくれるような部下を持つといいでしょう。先見性があり、未来のビジョンを描けるため、政治家も多いのが特徴です。また、自らが責任ある立場に立つことで本領を発揮することができるでしょう。

恋愛

青い鷲には「心」という意味があり、心を動かされる人に惹かれます。

また、クールな反面、心が通じ合うことで安心感を得るため、不安にさせないことも大切です。恋愛中は、心の状態が仕事に大きく影響を及ぼします。相手とうまくいっているときは、仕事の調子もよいのですが、相手とケンカをしてしまうと、モチベーションが下がり、仕事に行きたくなくなることも。

相手のマイナス面も、よく見えることでしんどくなることがありますので、スルーできる心を持つようにしましょう。

健康・美容

「心の安定」が、非常に大切。実は気持ちが不安定になりやすい方が多いのが、この紋章です。心が不安定になると、健康面にも影響が出ることも。自分なりの「心を落ち着かせる方法」をいくつか持てるとよいですね。目をよく使っている方が多いため、遠くの緑を見る、目薬でうるおいを保つなど、「目のケア」を意識的に取り入れましょう。

人間関係をスムーズにするポイント

観察眼が鋭いがゆえに、他者の嫌なところも目につきがちです。人間は誰しも、短所も長所もあるもの。「苦手だな」というポイントを見つけたら、できるだけその人の長所も探すようにすると、あなた自身も、人付き合いがラクになるでしょう。人間関係においても一度ネガティブ思考に陥ると、どんどん暗いほうへ考えが及びがちなので、切り替えを大切にしてくださいね。

運を呼ぶ行動

体にあった椅子を使う。体を温める

落ち込んだときの回復法

一旦休息を取り、この先の楽しみな計画を立ててみる

人生が好転するタイミング

自分のネガティブな部分を乗り越え、未来に希望を持ったとき

ラッキーカラー

ラベンダー

ラッキースポット

展望台・森林浴

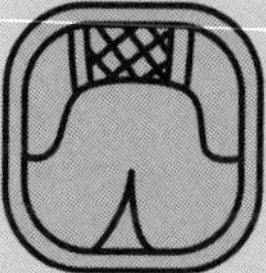

黄色い戦士（キーブ）

チャレンジ精神溢れる行動派のあなた。実直な生き方は信頼を勝ち取り、どんな困難も乗り越えることができます。

紋章の意味

黄色い戦士は、チャレンジ精神溢れる行動派です。どんな困難や苦しいことも冷静に対応できる能力を持っています。

突破力も目を見張るものがあり、目の前の壁をどんどん乗り越えていく強さも持っています。

「戦い」という意味もあるのですが、「戦い」の本質はまさに自分との戦いで、チャレンジするものを見つけては、それに向かって挑んでいきます。

まっすぐで正直なところがあるので、周囲の人からは厚く信頼されるでしょう。「生涯現役」の姿勢でどんどん行動していきましょう。

性格

実直でウソがつけないため、お世辞は苦手です。負けず嫌いな面もあるでしょう。

本来、困難に対しても立ち向かっていく力を持っているのですが、不信感が芽生えた瞬間から行動に移すことができなくなってしまいます。

そういうときは慎重さが前面に押し出され、本来の挑戦意欲は遠ざかってしまうでしょう。

戦友のような人を周りにいっぱい持つことで、安心感に包まれ力が湧いてきます。

何があっても、恐怖心を乗り越え、勇気を持って挑戦していきましょう。

たとえ落ち込んだとしても、立ち直りが早いメンタルの強さも特徴です。

一つの物事を何度もかみしめるように考え、自問自答を繰り返して答えを出していくタイプです。問題点を洗い出し、解決に踏み切りましょう。

才能・使命

壁を突破する「行動力」「強い精神力」なら、黄色い戦士の右に出るものはいません。その「行動力・精神力・チャレンジ精神」を生かして、限界突破しながら挑戦を続けましょう。

挑戦し続けることが、あなたの人生の大きなテーマです。その姿は周囲の人に勇気を与え、あなた自身のエネルギーも高まるでしょう。

仕事

くじけない心の持ち主ですので、営業の仕事やスポーツ選手なども向いているでしょう。

他の人から見ると、逃げ出したくなるような場面でも、どんどん新規開拓をしていき、いつのまにかトップ成績を取っていることも。会社がピンチに陥ったときに頼もしい存在となるでしょう。

目的志向型の紋章ですので、挑戦するものを決めて、生涯現役の姿勢で全力投球するといいでしょう。

恋愛

たとえ本当のことであっても、相手を傷つけてしまうことは言わないよう、思いやりの気持ちを持つことが大切です。

おだてたり、ほめたりすることもあまりしません。ありのままの自分の思いを伝える人です。

ラブラブな恋愛というより元同級生のような仲間に近い関係からスタートし、人生という荒波を乗り越えるパートナーとして考えたほうがうまくいきます。戦友や同士のように、共通の目的に向かって仲良く進んでいく関係が良いでしょう。

さっぱりした前向きな人に惹かれる傾向があるでしょう。

健康・美容

「生涯現役」の姿勢で行動することで運が開けるのが、黄色い戦士。スクワットやウォーキングなどで足腰を鍛え、筋力なども衰えないよう、こまめに運動を行ってください。睡眠時間の確保、健康によい食生活を意識するなど、ライフスタイルを整え、「活動の下地」を作りましょう。

運動することが、心身のリフレッシュになります。

人間関係をスムーズにするポイント

立場や年齢などを気にせず、公平に人と付き合うことができます。「えらい人だから」といって態度を変えないその姿勢に、安心を感じる人も多く、部下からも厚い信頼を寄せられているでしょう。

人付き合いをより深めるためには、ときには「人に頼ること」も重要です。甘え下手な人が多いので、信頼できる人・思い切り甘えられる人には、頼ってくださいね。

運を呼ぶ行動

スポーツや格闘技などの観戦。どんな困難にも立ち向かう姿勢

落ち込んだときの回復法

人生何度も挑戦できることを思い出し、やりたいことをやってみる

人生が好転するタイミング

自分自身を信頼し、周りをも信頼することができたとき

ラッキーカラー

インディゴブルー

ラッキースポット

競技場・帽子屋

赤い地球（カバン）

心のつながりを求め、絆を大切にするあなた。

あなたの言葉には、周囲をまとめる力があるでしょう。

紋章の意味

赤い地球は思いやりが深く、人を元気にしてくれる存在です。

人と人との絆をとても大切にしていて、一度結んだ絆はよほどのことがない限り、裏切らない人でしょう。

単独行動よりも仲間と一緒に行動するほうがエネルギーが高まります。

人と語り合いたいところがあり、上辺だけではなく本質の部分で相手とつながりたいという感覚の持ち主。

また、感動屋さんで相手の心を動かすことができる人でもあります。感動的な体験、心を揺さぶられる体験をたくさんしていきましょう。

性格

バランスの良い判断ができるため、人から相談されることも多いでしょう。意外と地球でのなじみにくさを感じている人もいます。

寂しさに弱いところがありますので、絆を中心とした一体感を持つことが大切です。

たとえ一人になったとしても必要以上に孤独を感じないこと。

赤い地球は、リズムと共鳴する紋章ですので、ダンスや、歌、太鼓をたたくなど、リズムに乗ることでエネルギーが高まります。リズム感の良い人も多いでしょう。

言葉に不思議と力と重みがあるため、スピーチも非常に上手で説得力があり、人の心を揺さぶり、リーダーシップを発揮して引っ張っていくことができるでしょう。

才能・使命

情が深く、仲間を大切にできる才能を持っているのが、この紋章の人。また、発する言葉に力があるのも、あなたならではの才能です。

その力を生かして、周囲の人を励ましながら、チームで目標を達成していきましょう。できれば、地球全体を視野に入れたような、大きな視点で、仲間と協力できるとよいでしょう。

仕事

縁の下の力持ち。社長のブレーンなど、後ろで方向性を決めるような仕事も向いています。もちろん、リーダー的立場もいいでしょう。

言葉に力があるので、人前で話す仕事も向いています。言葉で心を動かすことができることから、歌手や、講演会、演説などをすると、人の心を揺さぶることができるでしょう。

また、大企業というより、小さな会社で連帯感を感じながら働くのもオススメです。

大企業であっても少人数のグループで、1つのプロジェクトを進めるなど、仲間と絆を深く結びながら進める仕事も良いでしょう。

恋愛

心を許せる人と、本音で語り合い、距離を縮めていくことができます。心から語り合えるような人を選ぶといいでしょう。

とはいえ、恋愛によって生活のリズムや自分のペースを狂わされるのは苦手です。自分のペースを尊重してくれる人がオススメです。

寂しがりやなところがありますので、異性問題を起こしたときは寂しさが原因と考えていいでしょう。

できるだけ寂しさを感じないように連絡をマメに取り合える相手がオススメです。

健康・美容

「リズム」がキーワードになるのが、赤い地球の人。健康・美容面でも、それは同じです。

朝決まった時間に起き、朝食を取って、夜はしっかり休む…など、生活リズムを整えることを意識しましょう。また、足裏マッサージもオススメです。不調が消え、肌の調子も良くなっていくはずです。

人間関係をスムーズにするポイント

心のつながりを何より大切にするあなた。人間関係で悩んでいるときは、「自分の本音が話せていない」という気持ちが、心の奥底にあるのかもしれません。

気になることがあれば、時間を取ってゆっくり話し合ってみるのも良いでしょう。本来、他人を大切にし、人間関係のまとめ役になれるあなたです。丁寧に話すことで、道が開けるはず。

運を呼ぶ行動

足裏マッサージ。歌を歌う

落ち込んだときの回復法

カラオケで歌ったり、踊ったりして発散する

人生が好転するタイミング

心から感動することに触れ合ったとき

ラッキーカラー

マゼンタ

ラッキースポット

ライブ会場・カラオケボックス

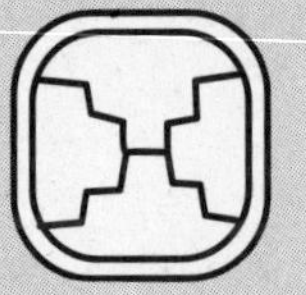

白い鏡（エツナブ）

守ることを大切に行動する秩序あるあなた。
曇りのない鏡で、内面を見つめ続けることが大切です。

紋章の意味

白い鏡は、自立心が強く礼節を重んじる人です。秩序を大切にしていますので、守るべきことを守らない人には不快感を表します。嘘や言行一致していない人に対して厳しいでしょう。

何事も真正面から取り組むことが大切です。鏡と鏡を真正面におくことで、永遠の空間が生まれます。ですので、真正面から自分と向き合い、さまざまな問題を乗り越えていきましょう。

「鏡」には「映し出す」という作用があることから、目の前に起きる出来事は、自分の心が反映されたものと捉えると良いでしょう。

性格

約束や言ったことを守るというように、きっちりとした性格ですので、約束事を守らない人に不快感を示します。

人に甘えることが苦手で、表現も器用ではありません。また、切れ味鋭いナイフのような毒舌も持っています。

自立心が強く、甘えは似合いません。甘えは鏡を曇《くも》らせる結果となります。甘えを捨てる覚悟を持つことで成功するでしょう。

また、自分だけの枠にとらわれず、「こうあるべき」という枠を外し、自分勝手な判断をしないよう気をつけましょう。

目に見えない美しさを求めるため、心や精神、生き様などに透明感と美しさを追求していくと良いでしょう。

いらないものをスパッと切り捨てることができる英断力も持ち合わせています。

才能・使命

自立する力、自分を律する心、どちらも強いのが、あなたの才能。しっかりしていて、判断力にも優れています。

それらの力を生かし、自分の内面を見つめ、磨いていくのがあなたの使命です。秩序を守って生きていくその凛とした姿は、周りの人にも良い影響を与えていくでしょう。

仕事

白い鏡の人にとっては、「自立」がテーマでもあります。親に甘えているうちは成功しません。

親のすねをかじるのではなく、きちんと仕事を持ち、覚悟を持って自立することが大切です。

約束や期限を守り、逆境にも強いため、きつい仕事でも耐えうる力を持っています。

むしろ、困難や苦難を乗り越えるたびに鏡が磨かれていくでしょう。映画・写真など映像関係、ブライダルに関わる仕事や、スピリチュアル的なもの、ヒーラー、セラピストなどもオススメです。

恋愛

真面目な恋愛をするタイプです。相手のこともどこかシビアに見ているかもしれません。ルールや約束を守ることが大切です。

また、白い鏡の人に隠し事は向いていません。自分のしていることも映し出されてしまうので、万が一浮気などをしても、バレてしまうことがあるので注意しましょう。

白い鏡の人がキレたらよほどのことがあった証拠です。そのときは情け容《よう》赦《しゃ》なくバッサリと切り捨てます。

ここぞというときにきちんと守ってくれる安心感を求めています。

健康・美容

「内面の美」と「鏡」があなたのキーワード。できれば毎日、鏡で自分の顔色や姿を見て、今日の様子を客観的にチェックしましょう。顔に疲れが出ていたり、姿勢がいつもより悪かったりしたら、しっかりと休息を取って回復につとめて。少しきつめなエクササイズで自分を追い込むくらいがちょうど良い健康法。内面を整えることで外側にも変化が出てきます。

人間関係をスムーズにするポイント

秩序を守れる人だからこそ、人間関係においても「こうあるべき」というルールに縛られがち。自分のルールに合わない人は、バッサリ切ってしまう強さがありますが、それでは世界が広がっていきません。自分のルールを少しゆるめることで、新たな関係が広がり、それはあなた自身の心も磨いてくれるでしょう。

運を呼ぶ行動

鏡をピカピカに磨く。神社参拝

落ち込んだときの回復法

無我夢中になれるものに一心不乱に取り組む

人生が好転するタイミング

命懸けの覚悟を持ったとき

ラッキーカラー

シルバー

ラッキースポット

神社・映画館

青い嵐（カウアク）

周りを巻き込む強いパワーを持つあなた。不安や心配に取りこまれなければ、大きな結果を残すことができるでしょう。

紋章の意味

青い嵐はエネルギーに溢れ、嵐のように周囲を巻き込んでいく力があります。自分の理念に没頭していく姿勢や行動は大きな力を持つことでしょう。

大切なのは、外でエネルギーを放出させることです。

また、家族への想いも強く、青い嵐には「火の力」という意味もあることから、グルメな人も多く、料理上手でもあります。

自分のことを理解してくれる人を持つことで、よりエネルギーが高まるでしょう。

性格

現状に甘んじず、自分を変えたい、向上したいという気持ちがある人です。ただ、思い込みが強いところがあり、プラス思考のときは良いのですが、いったんネガティブ思考になると、被害者意識が強くなっていく傾向があります。スランプに陥ると長引く傾向にありますので、理解者の存在が大切です。

実際、直接話を聞いたわけではないのに、「あの人が私の悪口を言っていたらしい」というような噂レベルのものでも一度思い込んでしまうと、妄想の世界に入って悲劇のヒロインになってしまうようなところもあります。

暴走し、ネガティブエネルギーで周りを巻き込んでしまわぬよう、気をつけましょう。元気で快活で活動力ある人も多く、食べ物にこだわり、食べることで元気になる人です。自分だけでなく、人を元気にし、社会的影響力を持つ存在を目指しましょう。

才能・使命

もともと持っているエネルギーが強い人。そのエネルギッシュなパワーであらゆるものを変化させていく力があります。

周りの人がなかなかできないからこそ、自らが核となり、より良い環境に変容させていくことが使命でもあります。

仕事

睡眠時間が少なくても、働くことができる人ですが、ときにはブレーキをかけることもお忘れなく。

「火の力」というキーワードを持つ青い嵐は料理上手な人も多く、グルメでもあるので、料理に関する仕事もオススメです。また、惚れ込んだものや人と関わる仕事もオススメします。

几帳面で正義感が強いところもあり、じっとしているよりも動きがある仕事のほうが向いているでしょう。常に前進していく人のため、社会で活躍する人も多いでしょう。頑張り屋で、困難に立ち向かうほど強くなれる人です。

恋愛

もともと何かにのめり込むことで大きなエネルギーを発揮できる人ですので、惚れ込む人に出会うことで元気いっぱいになるでしょう。ただ、思い込みが強いため、相手と連絡がしばらく取れないと不安になり、ネガティブな嵐に巻き込まれていくかもしれません。そのため、青い嵐の人にはマメに連絡をするなど、安心感を与えることが大切。自分のよき理解者になってくれる人を探しましょう。お料理上手な人も多いですよ。

健康・美容

元気だからこそ、つい、無理をして活動してしまいがちですが、無理は禁物。しっかりと睡眠時間を取り、内にたまったエネルギーは趣味や仕事、運動などでしっかり発散…と、メリハリのある生活を心がけて。

また、おいしいものが大好きだからこそ、食生活の乱れには注意してください。料理上手なところを生かして、自分のために体によいものを作るのもオススメ。

人間関係をスムーズにするポイント

思い込みの強さや勘違いで、人間関係でトラブルを起こすことがあります。トラブルが起きたら、自分をよく理解している人に相談を。第三者の客観的なアドバイスの中に、事態を抜け出すヒントがあるかもしれません。しっかりと聞き入れて。

「理解されている」と思うと安心できるので、友人でも仕事仲間でも、自分を理解してくれる人を見つけたら、大切にしてくださいね。

運を呼ぶ行動

火を使って料理を作る。忙しく動き回る

落ち込んだときの回復法

おいしい料理を食べながら、理解してくれる人に相談する

人生が好転するタイミング

環境で大きな変化があったとき

ラッキーカラー

ロイヤルパープル

ラッキースポット

台所・護摩焚き場

黄色い太陽（アハウ）

生まれながらにして、あらゆるものに恵まれやすいあなた。
おかげ様の精神がさらなる輝きとなるでしょう。

紋章の意味

太陽のような明るさと存在感を持っている人です。その場にいるだけで、場が明るく穏やかになる特性を持っています。

小さな頃からしっかり者で責任感も強く、親分肌。正々堂々と生きたい気持ちも強く、コソコソ隠れて人に言えないことをするのは似合いません。

常に前向きで面倒見の良いところがありますので、周りの人から信頼される人でしょう。

性格

主人公意識が強いところがあり、人からとやかく言われるのは苦手です。自己中心的になり、わがままにならないよう気をつけましょう。

責任感が強いしっかり者で、人に対して公平に平等に接し、言動に一貫性があり頼もしい存在です。

小さなことにはこだわらない反面、面倒くさいことは嫌いです。

自分の意見が通って当たり前と思っている人もいるかもしれませんが、決してそうではないことに気づき、自分を支えてくれる万物に感謝の心を忘れないようにしましょう。

一方で疎外感を感じてしまうと、モチベーションが下がり、やる気を失いやすいので、できるだけ輪の中にいるようにしましょう。

太陽のように揺るがないものを持ち、人々の拠り所となる存在を目指していきましょう。

才能・使命

黄色い太陽の人の才能は、その「明るさ・ポジティブさ・頼もしさ」にあります。

どんなときでも、この人のそばにいれば大丈夫！　そんな安心感をもたらせる人です。この才能を生かし、周りの人に「与える」ことがあなたの人生のテーマ。

自分の持つものを惜しむことなく差しだし、周りの人に頼られることで、あなたのエネルギーはもっと輝きます。

仕事

責任感が強く、太陽のようにどっしりと構えているので、指導者や経営者に向いています。どんな仕事においても、的確に仕事をやり遂げます。

また、一貫性のある生き方をするので、早くから自分の信念を持ち、それを叶える仕事をすると良いでしょう。

正々堂々としていたいため、裏での取引などは苦手です。存在感のある女優やアナウンサー、スポーツ選手も向いているでしょう。

できるだけ、公平さ平等さを意識して人に接していくようにしてください。上手に人を動かしていくこともできるはずです。

恋愛

存在感があるので、あなたがいるだけで、明るく温かい雰囲気になり、周りを包み込み、相手に大きな愛を与えます。

ただ、どうしても自分が主導権を握りがち。自分の思いを通すことばかり考えるのではなく、相手の気持ちを尊重する姿勢を忘れないようにしましょう。黄色い太陽は、女性でもしっかりしている人だからこそ、相手の男性を頼りなく思うことも…。

「足るを知る」という言葉を意識しておきましょう。

健康・美容

「太陽」がキーワードなのが、この紋章の人。1日5分でいいので日光浴をすると、心身の調子が整うでしょう。朝日を浴びながらのウォーキングなどもオススメです。

また、太陽の恵みである果物や野菜を摂り入れることで健康体に！

人間関係をスムーズにするポイント

物語の主人公のように周りに人が集まってきやすい人。だからこそ、それを当たり前と思わず、常に感謝の気持ちを忘れないことが大切です。尊大になると、人間関係でトラブルが起きるだけでなく、自分の本来持っている力も生かせなくなってしまいます。あなたは、もともと相手を大事にできる人。人を大切にするその気持ちを忘れないでくださいね。

運を呼ぶ行動

「ありがとう」という言葉をたくさん使う。日光浴

落ち込んだときの回復法

あえて人の相談に乗ったり、人のために動いてみる

人生が好転するタイミング

恵まれていることの有難さに気づけたとき

ラッキーカラー

ゴールド

ラッキースポット

伊勢神宮・沖縄

あなたを助ける「方位」「時間帯」がある

20種類の「太陽の紋章」は、「赤い龍」「白い風」「青い夜」「黄色い種」などというように、それぞれに赤、白、青、黄の4つの色を持っています。

実はこの4つの色には意味があり、それぞれの色ごとに傾向があります。この色は起承転結（赤が起、白が承、青が転、黄が結）を表しており、また、この4つの色は、赤は東、白は北、青は西、黄は南と方角も示しています。

これは、太陽の紋章の色が赤色の人の吉方は東であるとか、そちらの方角に行かねばならないとか、そういった意味ではありません。

これらの色は、それぞれ、その人を助けてくれるものや、エネルギーを高めてくれる時間帯、自分のエネルギーが落ちてしまったときのヒントを教えてくれます。

では、太陽の紋章の「色」ごとに、どういう傾向があるのかを見ていきましょう。

東……「赤い龍」「赤い蛇」「赤い月」「赤い空歩く人」「赤い地球」

赤は、「東」に位置付けられた色で、東は「社会」を指します。

社会における人間関係に助けられたり、応援されたりしますので、ぜひ普段から外の人と関わっておくことをオススメいたします。お仕事でなくてもママ友やご近所さん付き合い、おけいこ事などでも良いでしょう。

太陽は東から昇ってくるように、太陽の紋章の色が赤色の人のエネルギーが高まってくる時間帯は朝です。朝の時間帯を有効に使うと良いでしょう。そして、赤の人が、少しエネルギーが落ちてきたと感じるときは、土に触れると良いでしょう。ガーデニングをしたり、畑を借りてプチ菜園を楽しむなど、土に触れることでエネルギーが高まってくることでしょう。

また、赤は、起承転結でいうと「起」、物事の始まりという意味もあります。

ですので、太陽の紋章が赤色の人は、ゼロから1を生み出すことが得意な人です。土に種をまくつもりで、新しいことを始めたり、社会と関わっていきましょう。いろいろな人に出会うことで自分が磨かれ、成長していけるタイプです。

北……「白い風」「白い世界の橋渡し」「白い犬」「白い魔法使い」「白い鏡」

白は「北」に位置付けられた色で、北は「先祖」を指します。

太陽の紋章が白色の人は、日頃からご先祖様に感謝し、大切にすると良いでしょう。目に見えないもの（神事やスピリチュアル的なもの）に関心がある人も多いでしょう。

白色の人のエネルギーが高まる時間帯は、真夜中です。眠る前に心落ち着ける時間を持つようにしたり、目に見えないものに何か伝えてみるのも良いでしょう。
もし、自分のパワーが落ちたと感じるときは、目に見えない空気や呼吸を意識することをオススメします。
森林浴のように、空気がおいしい場所に出かけたり、外に出かけられなくても、自分の体の中からネガティブなものを吐き出すイメージで息を吐き、キラキラしたものを吸い込むイメージで呼吸をするだけでも、エネルギーがみなぎってくることでしょう。

白は起承転結でいうと「承」。承る役目があるので、もしかすると断捨離が苦手かもしれません。行き詰まったときは余分なものを捨てる（ものや考え方など）ことで道が開けるでしょう。

西……「青い夜」「青い手」「青い猿」「青い鷲」「青い嵐」

青は「西」に位置付けられた色で、西は「パートナー」を指します。

太陽の紋章が青色の人はパートナーに助けられる人。仕事のパートナー、配偶者など、誰をパートナーにするかで人生が影響されます。そのため、パートナー選びは慎重にしましょう。パートナーとは理解者です。理解者を一人でも多く持つようにしましょう。

青の人が位置する西は、お日さまが沈んでいく方向。そのため、青の人のエネルギーが高まる時間帯は、夕方以降です。夕方以降も積極的に動いてみましょう。

エネルギーが落ちたときには、水の力を借りると元気になるでしょう。温泉やお風呂にゆっくりとつかったり、プールで泳いで気分転換をしたり、川のせせらぎや滝など水の音を聞いたり、水を飲むといったことでも良いでしょう。

青は、起承転結でいうと、「転」。変化、変容のエネルギーです。変化を恐れず自己変革を目指すことで人生が開けていくでしょう。

南……「黄色い種」「黄色い星」「黄色い人」「黄色い戦士」「黄色い太陽」

黄は「南」に位置付けられており、南は「子ども」「理想」「未来」を指します。

太陽の紋章が黄色の人は、理想をできるだけ明確にし、未来に対しての基盤をしっかり作る生き方をオススメします。理想が自分を助けてくれるのです。

エネルギーが高まる時間帯は、太陽が一番高いところに位置している真昼間です。

黄色の人は、正々堂々と王道を生きたい人が多く、納得できないことはイヤ、という人も多いようです。

黄色の人のパワーが落ちたときは火の力を借りると良いでしょう。キャンドルを焚いてみたり、火を使ってお料理をするのも良いでしょう。もちろん、キャンプファイヤーなど、燃えさかる炎を見ることでも、力が湧き出てきます。

黄は起承転結でいうと、「結」を表します。しっかりと仕上げをする役目です。できるだけ基盤をしっかりさせて安定した日々を送るようにしましょう。

COLUMN 2

マヤ人の叡智「インラケッチの教え」

マヤのあいさつ言葉で、「インラケッチ」というのがあります。

マヤ民族は動物や植物だけでなく、石や水などすべてのものに魂があるという考えでした。それらのものと自分に一切境目はなく、つながっていると考えていました。

「インラケッチ」を訳すると、「私はもう一人のあなたです」という意味になります。

私とあなたは「一体」。

やはり、私たちは「1つになる」ことが究極の喜びではないでしょうか。

この考え方は、ネイティブハワイアンの「ホ・オポノポノ」という考え方にも少し似ています。「今、あなたに悪いことが起きても、それは、私の想念の現れかもしれません。目の前で起きることはすべて私の責任です」というような解釈があります。

インラケッチは、あなたも私もつながっているという統合意識があり、その意識で世の中が作られていて、すべてがつながっているという考えです。

「1」という数字は分けることができない数字。親子が一親等であるように、子どもがしたことは親である自分の責任と思えるのは一体だからこそ。

二親等である兄妹に対してはそこまでの想いは持てません。だからこそ、インラケッチの精神とは、自分と関わるすべての人に親心のような気持ちを持って接すること。

そして、一体だからこそ自分が変われば、相手も変わるのです。

想念はすべてつながっていると考え、自らの進化成長を目指していきたいですね。今この世に存在するすべての人は、すべて必要な人。あなたとつながっていて、何らかの気づきを与える人なのです。

第3部

マヤ暦から読み解く あなたの人間関係

生年月日さえわかれば、あの人との相互関係が見えてくる

マヤ暦では、占いであるような、「相性が良い」「相性が悪い」というものはありません。そのかわり、紋章を使って、どのような相互関係があるかを紐解いていくことができます。マヤ暦では、4種類の相互関係があります。

- **ガイドキン**……自分のことを導いてくれる人（反面教師の場合あり）
- **類似キン**……感覚や考え方が似ている人。仲良しの関係
- **神秘キン**……お互いひかれあい、刺激が強い関係
- **反対キン**……自分と背中合わせの立ち位置の人。視野を広げてくれる人

親、子ども、恋人、夫や妻、友人、上司、同僚、部下などなど、あなたの周りを取り巻く人たちの生年月日がわかれば、その人の持つ紋章を調べることで、自分と相手がどのような関係にあるのかを知ることができます。

例えば、恋人が自分と反対の立ち位置にいる反対キンの場合、もしかすると衝突が絶えないと悩んでおられるかもしれません。しかし、彼は私の知らない世界を見ている、反対のものの見方ができる人だと理解すれば、そういう考え方もあるのかと、自分の視野を広げてくれる意見として受け入れ、成長していくことができるのではないでしょうか。

このように、目安として相互関係を知っておくと、どのような人であっても、自分にプラスとなる付き合い方ができるようになります。それでは、4つの相互関係について、一つひとつ見ていきましょう。

あなたに導きをもたらす「ガイドキン」

ガイドキンとは、自分のことを導いてくれる人。人生において行くべき道を示し助けてくれる人です。

ガイドキンの出し方は、197ページの表を使います。自分の太陽の紋章と、自分の音が交わるところを見てください。例えば、「赤い龍」で音が2の人の場合は、「赤い空歩く人」がガイドキンになります。赤い空歩く人という紋章を太陽の紋章か、ウェイブ・スペルに持っている人が自分にとってのガイド役です。

もしガイドキンの紋章が自分と同じ紋章の場合（音1、6、11の人）は、自分以外の人でその紋章を太陽の紋章か、ウェイブ・スペルに持っている人が、ガイド役になります。

例えば、ご主人のガイドキンの紋章を奥さまが太陽の紋章かウェイブ・スペルに持っている場合は、ご主人のガイド役ですので、何かと頼られることが多いでしょう。もし、ご自身の苦手な人が自分のガイドキンを持っている場合は、反面教師になってくれている可能性があります。失敗例を先に見せ、そうならないように導いてくれているのです。

ガイドKINの出し方

銀河の音 / 太陽の紋章	1、6、11	2、7、12	3、8、13	4、9	5、10
赤い龍	赤い龍	赤い空歩く人	赤い蛇	赤い地球	赤い月
白い風	白い風	白い魔法使い	白い世界の橋渡し	白い鏡	白い犬
青い夜	青い夜	青い鷲	青い手	青い嵐	青い猿
黄色い種	黄色い種	黄色い戦士	黄色い星	黄色い太陽	黄色い人
赤い蛇	赤い蛇	赤い地球	赤い月	赤い龍	赤い空歩く人
白い世界の橋渡し	白い世界の橋渡し	白い鏡	白い犬	白い風	白い魔法使い
青い手	青い手	青い嵐	青い猿	青い夜	青い鷲
黄色い星	黄色い星	黄色い太陽	黄色い人	黄色い種	黄色い戦士
赤い月	赤い月	赤い龍	赤い空歩く人	赤い蛇	赤い地球
白い犬	白い犬	白い風	白い魔法使い	白い世界の橋渡し	白い鏡
青い猿	青い猿	青い夜	青い鷲	青い手	青い嵐
黄色い人	黄色い人	黄色い種	黄色い戦士	黄色い星	黄色い太陽
赤い空歩く人	赤い空歩く人	赤い蛇	赤い地球	赤い月	赤い龍
白い魔法使い	白い魔法使い	白い世界の橋渡し	白い鏡	白い犬	白い風
青い鷲	青い鷲	青い手	青い嵐	青い猿	青い夜
黄色い戦士	黄色い戦士	黄色い星	黄色い太陽	黄色い人	黄色い種
赤い地球	赤い地球	赤い月	赤い龍	赤い空歩く人	赤い蛇
白い鏡	白い鏡	白い犬	白い風	白い魔法使い	白い世界の橋渡し
青い嵐	青い嵐	青い猿	青い夜	青い鷲	青い手
黄色い太陽	黄色い太陽	黄色い人	黄色い種	黄色い戦士	黄色い星

意志の通じやすい「類似キン」

類似キンは、横並びの立ち位置で感覚や考え方が似ています。一緒にいて居心地がよい関係です。ケンカしたり、対立関係になることは少ないでしょう。

類似キンの出し方は、199ページの早見表で自分の太陽の紋章もしくはウェイブ・スペルが書いてある欄を見てください。自分の太陽の紋章または、ウェイブ・スペルと組み合わさっている紋章が類似キンです。

類似キンの紋章を相手が太陽の紋章に持っていても、ウェイブ・スペルに持っていても該当します。

カップルや友人、仕事のパートナーには最適で、意志が通じやすく、うまくいきやすい相手です。同じ目標に向かって、仲良く進んでいくことができるでしょう。夫婦であれば、友達のような仲良し夫婦でいられるでしょう。

類似KIN

赤い龍 × 白い鏡	秩序を重んじまっすぐな「赤い龍」と純粋で几帳面な「白い鏡」。脇道にそれることなく、物事が順調に進むコンビです。
白い風 × 赤い地球	両方の紋章ともにメンタルは弱い方で心と心の触れ合い、語り合いを大事にするタイプ。相手をよく知ることで安心する2人なので、擦れ違いが起きにくい。
青い夜 × 黄色い戦士	夢を大事にする「青い夜」とチャレンジャーな「黄色い戦士」。目的や目標が同じだったときの達成力はピカイチ！
黄色い種 × 青い鷲	探究心の強い「黄色い種」と知的で冷静な視点を持った「青い鷲」のコンビは、周囲も驚く成果をあげることができるでしょう。
赤い月 × 白い犬	使命感を持ったときに全力で突き進む「赤い月」と、信頼に応えようと一生懸命頑張る「白い犬」。信じた道を誠実に進んでいくことができる組み合わせです。
黄色い星 × 青い猿	本物志向が高くきらびやかな「黄色い星」と、創意工夫に長けた「青い猿」という芸術的感性の高い紋章。相乗効果でクリエイティブなものを生み出せるでしょう。
白い世界の橋渡し × 赤い空歩く人	さまざまな世界と結びつきを持っている「白い世界の橋渡し」と、社交的な面を持ち新しい世界に入っていくことができる「赤い空歩く人」。2人が出会うと一気に世界が広がります。
赤い蛇 × 白い魔法使い	ひたむきで集中力の高い「赤い蛇」と、ベストをつくすために尽力する「白い魔法使い」。目標達成のために全力で没頭することでしょう。
青い手 × 黄色い人	両紋章ともに相手を理解しようとする能力が高く、理解し合えることでストレスのない人間関係が築けるでしょう。
青い嵐 × 黄色い太陽	思いの強さで人を巻き込み、人に良い影響を与えるエネルギーの「青い嵐」と、自らの明るさと知性で人を勇気づける「黄色い太陽」。人を巻き込みながら成長できるでしょう。

刺激を与え合う「神秘キン」

神秘キンは、向かい合っている立ち位置でひかれあうことも多く、刺激を与え合う関係です。神秘キンの出し方は、201ページの早見表で自分の太陽の紋章またはウェイブ・スペルが書いてある欄を見てください。自分の太陽の紋章、ウェイブ・スペルと組み合わさっている紋章が神秘キンです。神秘キンの紋章を相手が太陽の紋章に持っていても、ウェイブ・スペルに持っていても該当します。

「神秘」という言葉が付く通り、その関係自体がベールを一枚まとっているような状態で、見えにくい部分もあるかもしれません。そのため、神秘キン同士のケンカは激しい傾向にあります。向かい合っていると、抱き合うこともできれば殴り合うこともできますものね。いったん亀裂が入ると泥沼化することもありますので、相手への尊重の気持ちを忘れないようにしましょう。

神秘KIN

赤い龍 × 黄色い太陽	勢いある行動や真面目な姿勢が人々に信頼をもたらす「赤い龍」と、存在自体が人々に安心感を与える「黄色い太陽」。思った通りに物事を進めやすい関係。
白い風 × 青い嵐	繊細さを持った「白い風」と巻き込む力のある「青い嵐」。自分の感性や気持ちに正直になることで本来のミッションに気づくことができるでしょう。
青い夜 × 白い鏡	ミステリアスでつかみどころのない「青い夜」と透明感がありわかりやすい「白い鏡」。刺激を与え合うことで無限の可能性の扉が開かれることでしょう。
黄色い種 × 赤い地球	探究心があり専門性の高い「黄色い種」と引率力がありリーダーシップを持った「赤い地球」。人、物事をまとめあげ、大きな成果を出せるかもしれません。
赤い蛇 × 黄色い戦士	明確で本能に正直な「赤い蛇」と実直で正直な「黄色い戦士」。力強い推進力は3次元を超えたパワーを呼び起こすことでしょう。
白い世界の橋渡し × 青い鷲	コミュニケーション能力が高い「白い世界の橋渡し」と俯瞰して物事を見ることができる「青い鷲」のコンビはさまざまな人に関わり影響を与えるようなことを成し遂げるでしょう。
青い手 × 白い魔法使い	実現するための分析力を持ち合わせている「青い手」とプロデュース力に優れた「白い魔法使い」がタッグを組めばひたむきに物事をやり遂げることができるでしょう。
黄色い星 × 赤い空歩く人	意欲的に何事にも挑戦する「赤い空歩く人」と堅実に物事を進めていく「黄色い星」。落とし穴にハマるようなことが回避できる関係。
赤い月 × 黄色い人	直感力のある「赤い月」と論理を重視する「黄色い人」。お互いのセンスの良さを生かすと不思議な魅力が生まれることでしょう。
白い犬 × 青い猿	愛と忠誠を大切にする「白い犬」と新しいアイデアをどんどん取り入れる「青い猿」。ゴールに向かうときの相乗効果は大きいですが、気をつけないと犬猿の仲になってしまいます。

新しい世界を開く「反対キン」

反対キンは、背中合わせの立ち位置で違う世界を見ています。お互いにお互いの違う視点を認めることができれば、貴重な学びを得られる相手です。反対キンの出し方は、203ページの早見表で自分の太陽の紋章または、ウェイブ・スペルが書いてある欄を見てください。自分の太陽の紋章、ウェイブ・スペルと組み合わさっている紋章が反対キンです。反対キンの紋章を相手が太陽の紋章に持っていても、ウェイブ・スペルに持っていても該当します。カップルやコンビなど、お互いに尊重し合い、認めることができれば、あなたの世界を広げてくれることでしょう。しかし、考え方が違うと理解しようともせず、お互いに受け入れることができなければ、関係にひびが入ることも。お互いに見ている景色が違うことを意識し、この人は自分の器や視野を広げてくれる人だと思うようにすればうまくいきます。

反対KIN

黄色い太陽 × 白い犬	リーダタイプの「黄色い太陽」と忠誠心の強い「白い犬」。役割分担がしっかりできればベストコンビに。
赤い龍 × 青い猿	真面目でプライドの高い「赤い龍」とユーモアがあり失敗も笑いに変えられる「青い猿」。お互いにない部分を取り入れることで成長できる組み合わせです。
白い風 × 黄色い人	感覚派の「白い風」と論理的で納得して進めたい「黄色い人」。役割分担がしっかりできれば物事が効率よく進められ、濃い内容のものに。
青い夜 × 赤い空歩く人	夢見がちで個人主義の「青い夜」と世のため人のためと考える「赤い空歩く人」。違いを理解し、少しでもお互いの考え方を取り入れられると人間関係がラクになるでしょう。
黄色い種 × 白い魔法使い	確固たる事実、自分が納得できることを重視する「黄色い種」と、純粋で不思議なことも受け入れられる「白い魔法使い」。壁にぶつかったときにお互いの考え方が突破口に。
赤い蛇 × 青い鷲	情熱的に今を生きる「赤い蛇」と冷静で将来を見通しながら動く「青い鷲」。補いながら物事を進められるとスムーズに目標が達成できるでしょう。
白い世界の橋渡し × 黄色い戦士	平和主義者の「白い世界の橋渡し」と戦いをいとわない「黄色い戦士」。お互い学ぶべきところがたくさんあるでしょう。
青い手 × 赤い地球	分析型で何事も自分で進めていく「青い手」と感情を大切にし仲間意識の強い「赤い地球」。チームの役割がしっかりするとうまくいくでしょう。
黄色い星 × 白い鏡	外見の美しさを大切にする「黄色い星」と内面の美を大切にする「白い鏡」。お互いの美しさに気づけばもっと美しくなるでしょう。
赤い月 × 青い嵐	冷静かつ腰の重い「赤い月」と思い込みで衝動的に動いてしまう「青い嵐」。ミスジャッジが少なくなる組み合わせ。

さまざまな相互関係の事例

✴商売を継がせる場合

例えば、とても繁盛している洋食屋さんがあったとします。店は長男が継ぐべきということで、父親とは何の相互関係もない長男にお店を継がせました。

そうすると、人気だったデミグラスソースの味が変わり、メニューも変わりました。すると、洋食屋の常連さんが離れていき閑古鳥が鳴くように…。

そこでアドバイスとして、父親と相互関係のある次男にも手伝ってもらったところ、父親のデミグラスソースを再現でき、うまくいくようになりました。

相互関係があると、理解し合える部分があるので、このような家業を継いでもらうときも、単に長男、次男ということではなく、それぞれの父親との相互関係を見ることがとても大切なのです。

ただし、これはうまくいっているものを、そのまま後継者に渡したいというケースです。もし今、うまくいっていない、何とか流れを変えたい、というのであれば、相互関係のある人に継いでもらうのではなく、相互関係のない人や反対キンの人に継いでもらうといいでしょう。流れに新しい風が吹き、持ち直したというケースもあります。

✷政治家の場合

アメリカの政治を見ていて面白いなと思ったのは、オバマ元大統領とクリントン元大統領は、キンナンバーが全く一緒だということです。

全く同じキンナンバーの人がまたアメリカの大統領になるということは、アメリカの政治は、まだ同じような流れが続くということを暗示していました。

そして、その後オバマ元大統領からトランプ元大統領へバトンタッチがなされました。この2人には全く相互関係がありません。つまり、アメリカは政治の流れがガラッと変わるよということが暗示されているのです。

このようにあくまで目安ですが、政治の流れを見ることもできます。

ちなみに、日本の歴代首相は、赤い月か白い世界の橋渡し、どちらかの紋章を持っている人が非常に多いです。

赤い月は使命感を持って改革していく紋章ですので、「俺が日本を変える！」といった気持ちを強くお持ちの方なのでしょう。

白い世界の橋渡しは、外交が得意な人が多いので、世界をつないでいく橋渡し役として首相になっているケースも多かったりします。

ほかにも、習い事の先生やサッカーのコーチ、子どもの家庭教師など、何か技術を教わる相手は、同じ紋章か、相互関係がある人に教えてもらったほうが理解しやすく、身につきやすいでしょう。

このように、政治や企業の世界から、夫婦関係や子どもの習い事のような身近なことまで、すべて相互関係を見ると、そういうことだったのかと気づくことが多々あります。

ご縁と相互関係の違い

✷つながりがない家族の場合

これまで紋章での関係を見てきましたが、マヤ暦では悪い組み合わせというものは、ありません。「すべて意味があってそうなっている」という考え方をします。

ですので、それぞれの紋章の間に相互関係がない場合も同じです。相互関係がないからといって、その人と縁がない、うまくいかないというわけではありません。意味があって、そうなっているのです。

例えば家族の中で、父親だけが家族の誰とも相互関係がない場合もあります。母親、子どもだけでつながっているケース。じつは、これは大企業の社長に多いパターンです。そういう人は、家庭での役割よりも他の役割を持って生まれてきている可能性が考えられます。

社長である父親が家族の誰とも相互関係がないのは、社員のこと、会社のことを考えなくてはいけないので、そちらへ意識を向けられるように、あえて家族とは相互関係を持たせていないことが考えられます。

こういう相互関係になっているのならば、父親がその役目を果たせるようにしてあげると良いでしょう。例えば母親が、「ほかのお父さんは、みんな幼稚園の参観も来ているのに！」と責めるのではなく、「お父さんはお仕事頑張ってるね」と子どもに尊敬の眼差しで伝えるというように、それぞれの役割を尊重できると、いいですね。

また父親も母親も、子どもと全く相互関係がないというケースがあります。そういう場合は、兄弟同士で相互関係があることも……。

両親が仕事で忙しいケースや商売をして家にいることができず、子どもたちだけで協力をしてお留守番をしやすいようにしているのかもしれません。これも、子どもたちが寂しくならないように、親とは相互関係をつなげず、子ども同士だけでつなげていることが考えられます。

そういう場合は、親は安心して仕事をしても良いでしょう。

★相互関係がない夫婦の付き合い方について

夫婦で相互関係が何もない場合もあります。私と夫も、全く相互関係がない夫婦です。これはわかりやすくいうと、違う星から来たような2人が一緒になっているようなもの。使っている言語も違うので、理解できないこともたくさんあるでしょう。しかし、それがダメというわけではありません。では、どう付き合っていけば良いのでしょうか?

大事なのは、相手を尊重することです。

相互関係がないということは、2人はすれ違いくらいがちょうどいいかもしれません。意識もあまり向かないのでラクな関係でもあります。仕事が忙しいなど、何らかの理由で一緒に過ごせないような状況になっても大丈夫です。

私と夫の場合も、私が出張で家を空けることも多いので夫婦一緒にいられる時間が少ないということが、マヤ暦で示されているのです。

実際、結婚後、ありがたいことに仕事がどんどん忙しくなり、一緒に過ごす時間が少なくなっています。意味があってそうなっているんだなと思う日々です。

他にも、相互関係がない夫婦の場合、共通項を持つというのも、良好な関係作りにはオススメです。

そのひとつが子どもです。二人の相互関係がないということは、話題も共通項も少ない傾向にあるので、子どもを持つことで共通の話題を増やすことができます。

子どもがいない場合は、ペットを飼うのもいいでしょう。

ペットも、夫婦にとっては子どものような存在ですので、共通の話題が増えます。

じつはペットも生年月日さえわかればマヤ暦が使え、ペットも相互関係がある人に懐いていたりします。

いくらすれ違いでもいい、といっても、共通項がないよりはあったほうがいいでしょう。そうでないと、本当に会話のない夫婦になってしまい、それではお互いに対する尊重も生まれません。

✴相互関係のある夫婦の場合

相互関係がない場合は、共通項を見つけると良いですが、もともと共通項がたくさんある類似キンや神秘キンでつながっている場合は、できるだけ一緒に過ごしたほうが良いでしょう。出張中など離れている間も、まめに連絡をしてコミュニケーションを取りましょう。

相互関係がある夫婦のすれ違いは別れの原因になりかねません。相互関係があるということは、糸がつながっているような状態ですので、絡まったときにはこじれてしまうことも……。

私の場合、前の夫とは相互関係がありましたので、いつも夫のことを考えてしまい、「今夜もまだ帰ってこない」と、夜の11時、12時、1時と1時間ごとに時計を見て、「一体、何をやっているんだろう」と心配ばかりしていました。

今、思うと、そのころの自分は精神的にも金銭的にも自立しておらず、専業主婦が人生で一番幸せなのだと思い、いい奥さんを演じることに一生懸命でした。でもそれは、マヤ暦の本来の自分の姿から離れたものでした。

もし、私が精神的に自立をして、自分のやりたいことをやり、仕事もバリバリしていたら……。

決して相性が悪かったのではなく、自分が本来の姿を生きていなかったことが、うまくいかなかった一番の原因なのです。

相互関係はあっても、夫が反対キンの人の場合は、「考え方は違うけれど、自分の視野を広げるために、夫の考え方を採り入れることで、自分の可能性はグッと広がる」と、学びの姿勢で接していくといいでしょう。

同じ紋章を持つことの意味

紋章にはそれぞれ赤、白、青、黄の色がついていますが、同じ色の紋章同士だと何かあるということは、特にありません。色によっての特徴は似てくるかもしれませんが、同じ色だから相互関係があるということではないのです。

また紋章が同じ場合も、相互関係があるとはいいません。

しかし、紋章が同じ人同士は、感覚が似ていてわかり合える人でもあります。

特に太陽の紋章同士が同じ人は、一緒にいると、とてもラクな関係です。

ウェイブ・スペル同士が一緒の場合は、一見、行動様式が違っていたり、性質も違っているので、「あれっ?」と思うようなことがありますが、根っこの部分では深くつながっていますので、腐れ縁になったりするケースも多いようです。

家族の中で、ウェイブ・スペル同士が同じだと、前世からのつながりなど歴史的な関係があると思ってもいいでしょう。

紋章だけでなく、同じキンナンバーの場合、決して性格が似ているわけではないですが、人生の傾向が似てくることが多いようです。

また、同じキンナンバー同士の夫婦も結構います。この場合は、性格が似ているわけではありませんが、双子みたいな夫婦という立ち位置です。

しかし、同じキンナンバーの夫婦は、不思議と離婚も多いのです。なぜなら、自分と同じですので刺激が感じられないことも原因のひとつかもしれません。

このように、それぞれの相互関係は、何が良い悪いではなく、意味があって、そうなっているわけです。

相互関係があるからいい、ないから悪いというわけではありません。たとえ相互関係があっても、ベースに尊重がないと、相互関係も成り立ちません。お互いに相手を尊重してこそ、それぞれの紋章同士にある相互関係の良さは生かされるのです。

紋章を使って人間関係を読み解こう

自分の持っている紋章、そして相互関係のある紋章はわかりましたでしょうか?

では、具体的に人間関係に当てはめながら見ていきましょう。

相互関係の見方

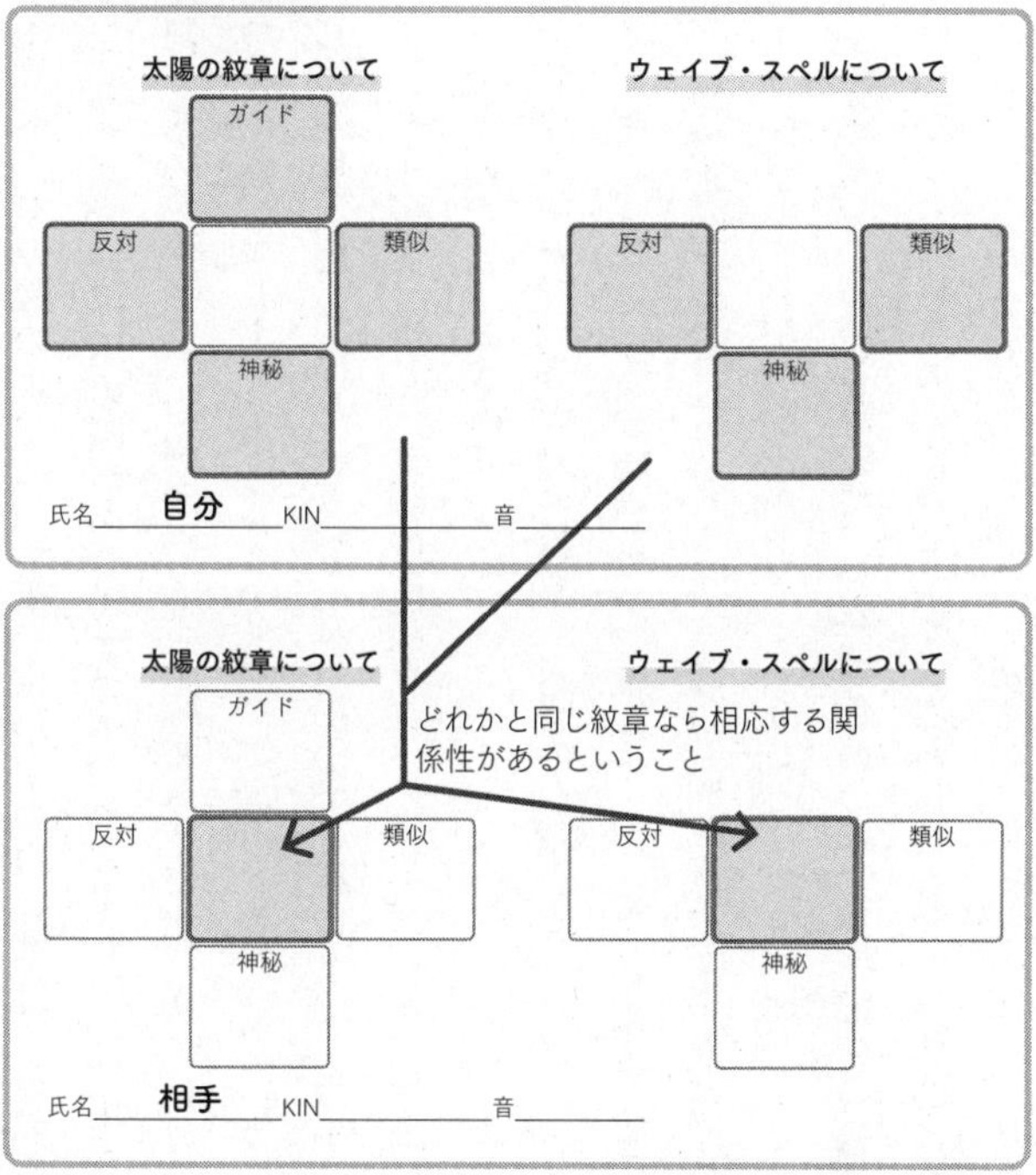
太陽の紋章について
ガイド
反対
類似
神秘
ウェイブ・スペルについて
反対
類似
神秘
氏名 自分 KIN 音
太陽の紋章について
ガイド
反対
類似
神秘
ウェイブ・スペルについて
どれかと同じ紋章なら相応する関係性があるということ
反対
類似
神秘
氏名 相手 KIN 音

215ページの図のように、まず、真ん中の白い部分に自分の紋章を書きます(P250に相互関係用の図がありますので、コピーしてご活用ください)。

左側が太陽の紋章で、右側がウェイブ・スペルです。次に自分の紋章に対応する関係のある紋章をP197、199、201、203を見ながら埋めていきます。

同じ作業を、相互関係を読み解きたい相手でも行います。相手の生年月日から、キンナンバーを割り出し、太陽の紋章とウェイブ・スペルが何なのか書き出します。

これで準備が完了しました。

自分の色のついている部分の紋章(太陽の紋章とウェイブ・スペルに対応しているガイドキン、反対キン、類似キン、神秘キン)に、相手の色のついている部分(太陽の紋章もしくはウェイブ・スペル)と同じものがあれば、反対キンや類似キンのように対応する相互関係があるということになります。

相手の色のついている部分に、自分の色のついている部分の紋章がない場合は、相互関係がないということになります。次からはもっと具体的に見ていきましょう。

217ページの図(**事例1**)をご覧ください。

事例1 ✦ 相互関係のない夫婦

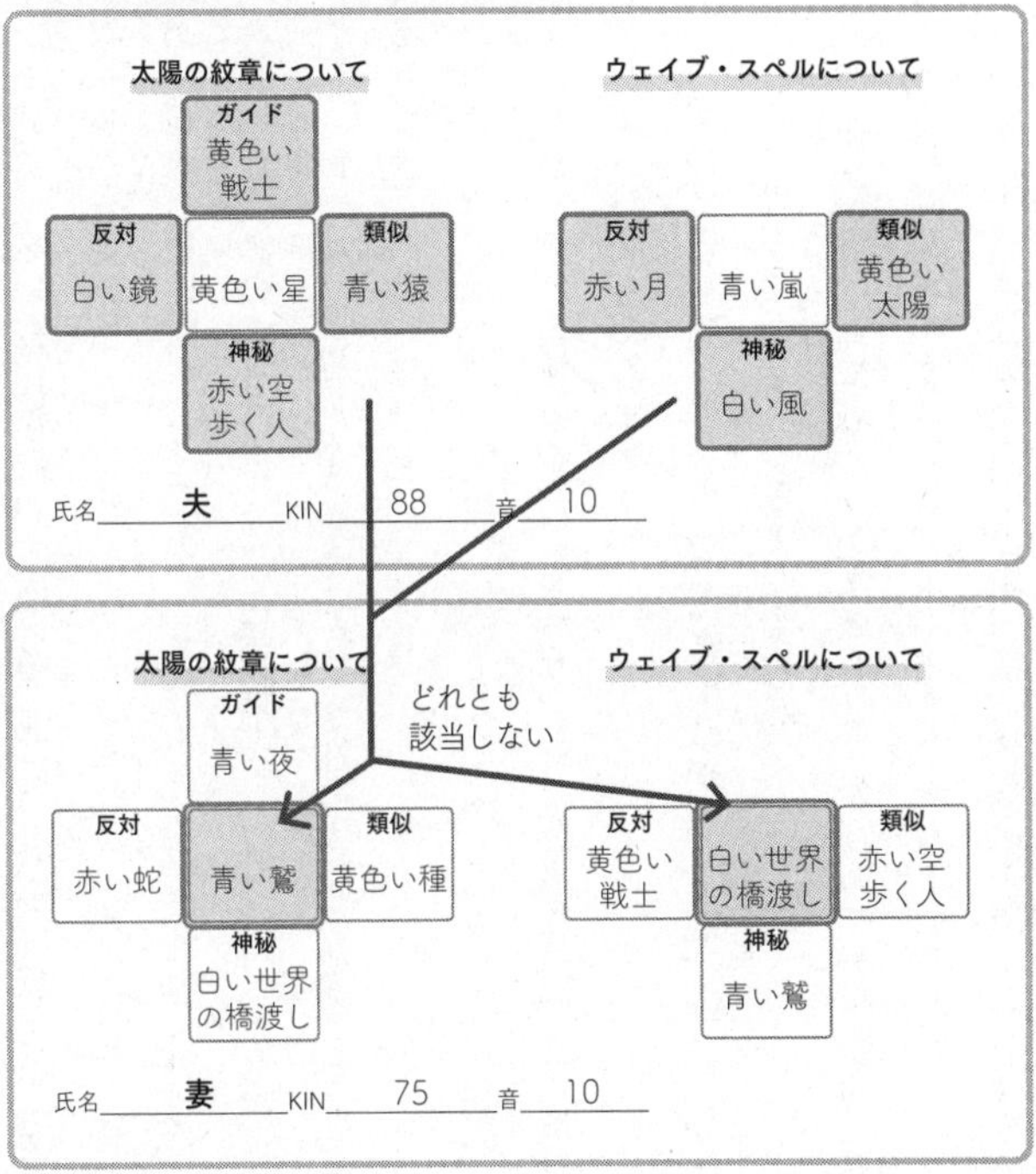
太陽の紋章について
ガイド
黄色い戦士
反対
白い鏡
黄色い星
類似
青い猿
神秘
赤い空歩く人
ウェイブ・スペルについて
反対
赤い月
青い嵐
類似
黄色い太陽
神秘
白い風
氏名 夫 KIN 88 音 10
太陽の紋章について
ガイド
青い夜
反対
赤い蛇
青い鷲
類似
黄色い種
神秘
白い世界の橋渡し
どれとも該当しない
ウェイブ・スペルについて
反対
黄色い戦士
白い世界の橋渡し
類似
赤い空歩く人
神秘
青い鷲
氏名 妻 KIN 75 音 10

キンナンバー88で音10を持っている男性は、太陽の紋章が「黄色い星」、ウェイブ・スペルが「青い嵐」です。一方、キンナンバー75で音10を持っている女性は、太陽の紋章が「青い鷲」、ウェイブ・スペルが「白い世界の橋渡し」です。

男性の相互関係のある紋章（「黄色い戦士」「白い鏡」「赤い空歩く人」「青い猿」「赤い月」「白い風」「黄色い太陽」）が、女性の太陽の紋章とウェイブ・スペルに当てはまりません。

このお二人は夫婦なのですが、このような図で示される夫婦が「相互関係のない夫婦」となります。自営業を営んでおり、日夜仕事に追われる毎日。夫婦でゆっくり会話をする時間もありません。

「もっと家のこともやってよ！」「たまには家族サービスでもしたらどうなの？」

そんな風に思うこともあったようですが、

「注文が入る毎日はとてもありがたいこと。お互いに一生懸命仕事をやっている証。一緒にいる時間が短くてもうまくいくようになっているんだ」

そう思えるようになったら、不満ではなく尊敬の気持ちや感謝の気持ちが持てるようになったそうです。

たまに一緒にいるときには、たまった不満をぶつけるのではなく、お互いを思いやる気持ちになるので、心地よい時間を過ごせるようになったようです。

一方で221ページの**事例2**のような場合。

キンナンバー41で音2を持っている男性は、太陽の紋章が「赤い龍」、ウェイブ・スペルが「黄色い太陽」です。一方、キンナンバー31で音5を持っている女性は、太陽の紋章が「青い猿」、ウェイブ・スペルが「青い手」です。

男性の相互関係のある紋章の中で、反対キンが「青い猿」。これが女性の太陽の紋章に当てはまります。このお二人も夫婦ですが、このようにいずれかの相互関係のある紋章が太陽の紋章かウェイブ・スペルに当てはまる図が描ける場合、「相互関係のある夫婦」となります。

もともと自分にないものを持っているところに惹かれて結婚したはずなのに、いざ一緒に生活を始めてみると、衝突することもしばしば。真反対のことばかりを言われ、これから先の人生をともに歩んでいくことができるのだろうかと心配されておりました。

しかしマヤ暦での相互関係を知ることで、

「私の意見が気に入らなくて反対しているのではなく、背中合わせになっているように、違う視点を持っているだけなんだ」

こう捉えられるようになったと言います。すると、気になることはマメに話し合い、お互いがどう思っているのか、冷静に聞けるようになったそうです。

「自分では思いつかないアイデアを受け入れることで、世界が広がりました。まだまだ知らない楽しいことが待っている、そう思えるようになり、彼の一生懸命さもわかり、本当にこの人と結婚してよかったなと感じています」

反対キンという相互関係でつながっているお二人。そのことを知っているだけで、無用なトラブルを防ぐことができるのです。

事例2 ✦ 相互関係のある夫婦

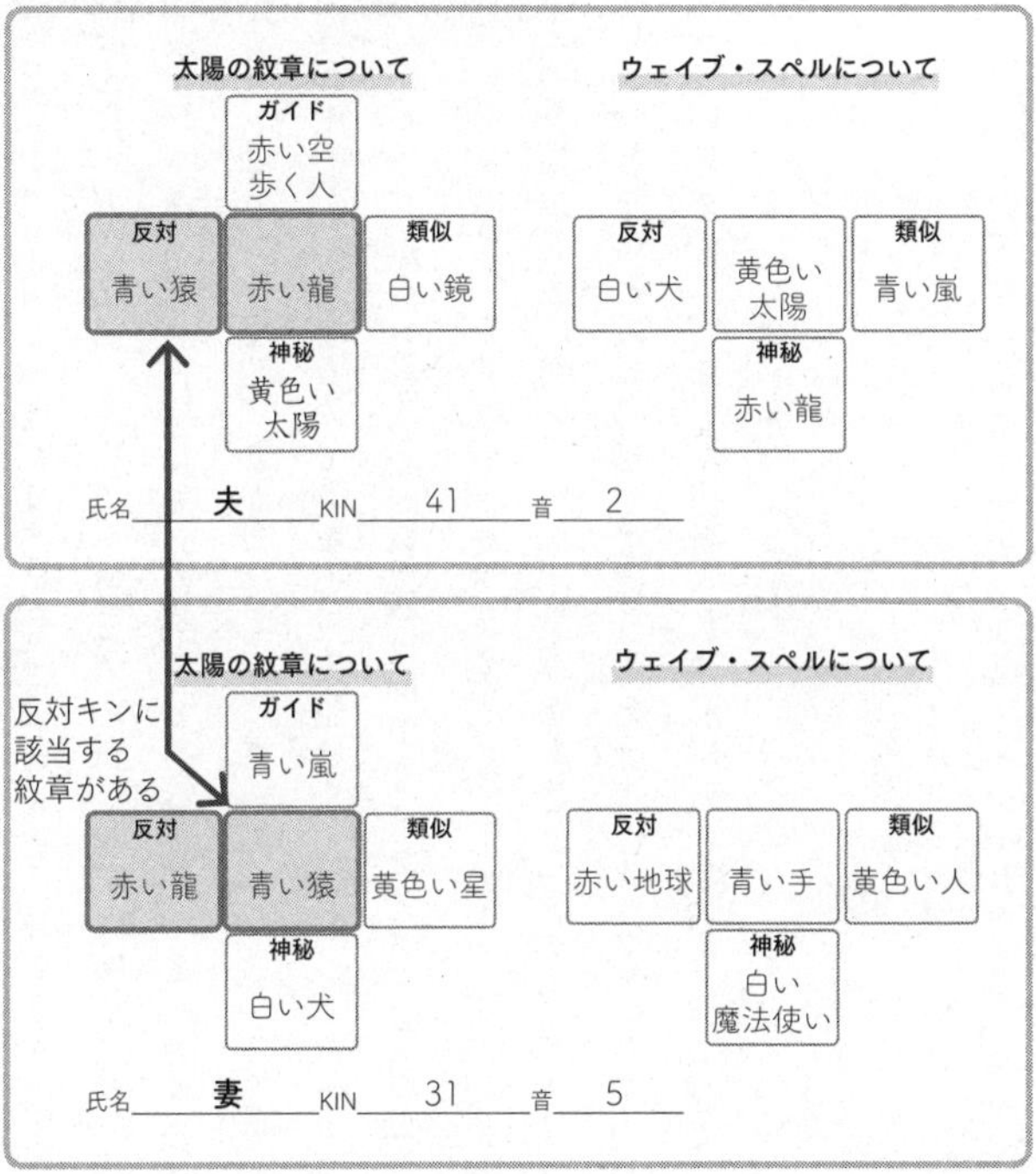

太陽の紋章について
ガイド
赤い空歩く人
反対
青い猿
赤い龍
類似
白い鏡
神秘
黄色い太陽
ウェイブ・スペルについて
反対
白い犬
黄色い太陽
類似
青い嵐
神秘
赤い龍
氏名 夫 KIN 41 音 2
太陽の紋章について
反対キンに該当する紋章がある
ガイド
青い嵐
反対
赤い龍
青い猿
類似
黄色い星
神秘
白い犬
ウェイブ・スペルについて
反対
赤い地球
青い手
類似
黄色い人
神秘
白い魔法使い
氏名 妻 KIN 31 音 5

事例3（P223）はどのような相互関係が読み解けるのでしょうか？

Aさんは、BさんとCさんという2人の部下を持っています。類似キン「青い嵐」を持っている部下であるBさんとは阿吽の呼吸で仕事が進められるでしょう。ただし、わかってもらっているからという意識でいると、甘えや傲慢さが出てきてしまうので気をつけましょう。

なんだかそりが合わない、反対意見ばかりだなと感じてるCさんは、Aさんにとっての反対キン「白い犬」があるからです。しかし、そこには必ずあなたにはない考え方や視野を広げていくための学びがあるということです。

意見が合わないとはねのけずに違う考えを受け入れることを心がけると、Cさんも伸びていきますし、Aさん自身もCさんからの気づきによって、器の広い上司に成長していくことができるでしょう。

事例3 ✦ 反対キンと類似キンの相互関係がある部下

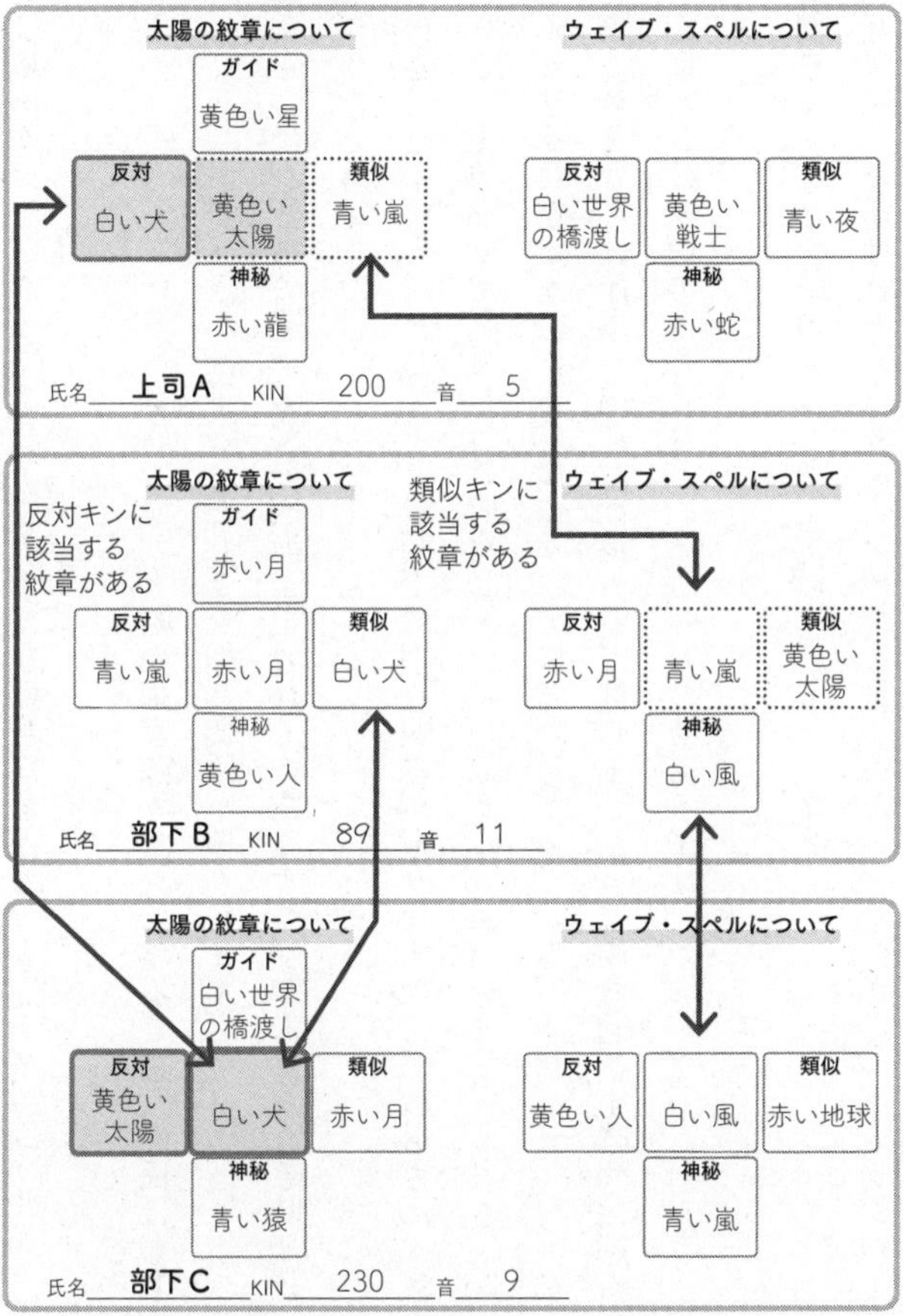

では**事例4**（P226〜227）のような場合はどうでしょうか？

3人のお子さんがいるご家族です。夫婦の相互関係を見てみると相互関係はありません。そしてお父さんは子どもたちとも相互関係がありません。

お父さんはお仕事で遠洋漁業の航海士をされていたそうで、家にいられる時間は少なかったと言います。

お母さんと子ども、そして子ども同士に相互関係がありますので、お母さんが家庭を守り、兄弟同士で刺激し合い成長していく道筋が示されています。つまり、お父さんが仕事に情熱を注げる環境になっているわけです。

実際にお父さんは仕事に邁進、社長へと出世しました。家族で過ごす時間は短くとも大切にし、家庭の不和となることもなかったそうです。

事例5（P228）のようなケースの場合もあります。

相互関係はないけれど、家族のナンバーを見ていたら、お母さんのキンナンバーと義理のお母さんのキンナンバーが全く一緒というケースです。

このような場合、これまでお母さんとの関係がうまくいっていなかったなら、もう一度母と娘の関係を、義理のお母さんでやり直してみましょうというメッセージが考えられます。

親子だけでなく、元夫と今の夫など、同じ役割の人が同じ紋章を持っているケースがあります。これはまだやり残したことがあるというメッセージ、もしくは次こそはここで幸せになりなさいというメッセージなのです。

もともと仲が良かった場合はとても深いつながりをもっている関係。自分の母と同じように仲良くできるということが、マヤ暦では示されています。

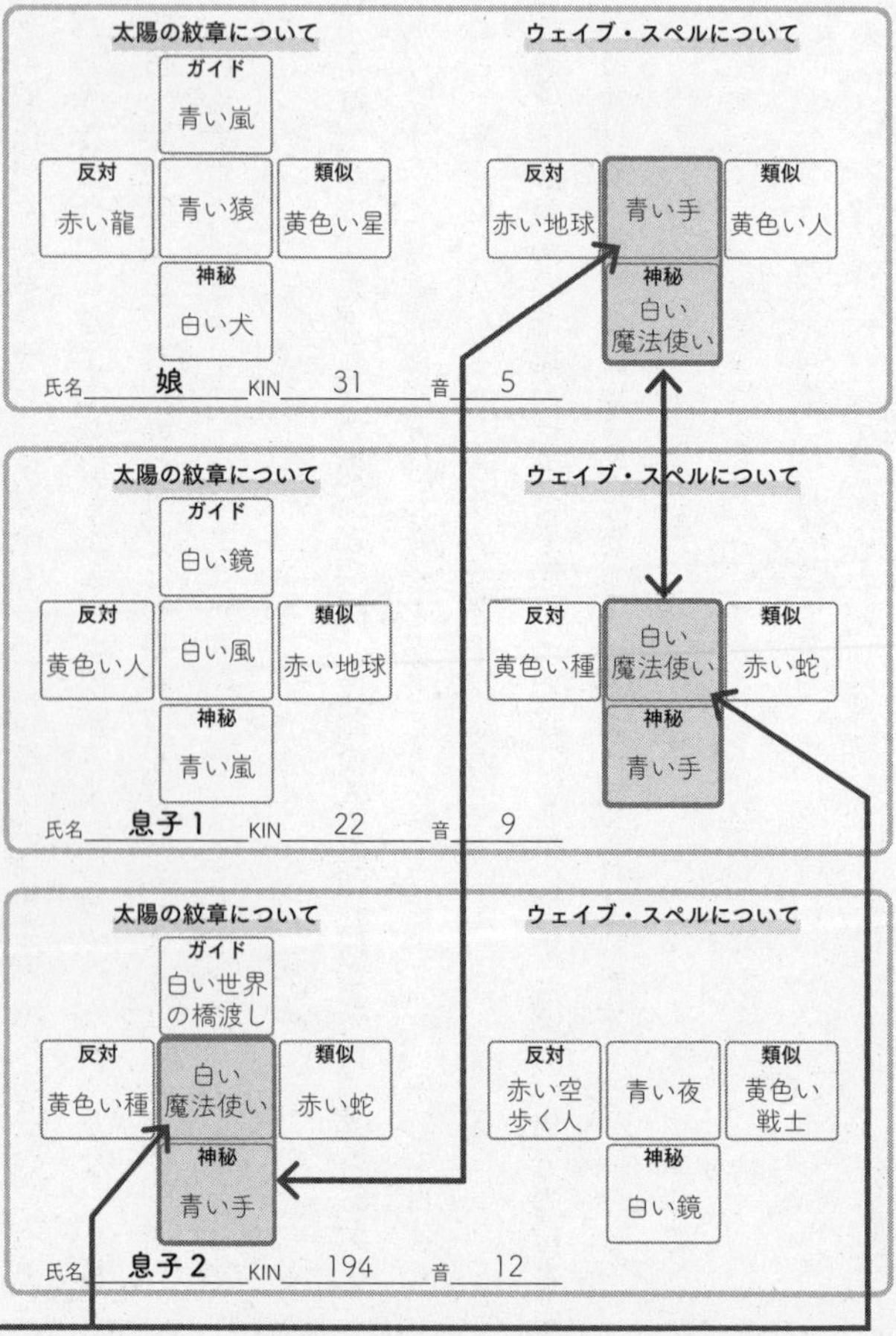

感性豊かな息子２人と面倒見のよい母娘。母と子はしっかり関係性がある

事例4 ✦ 父だけが相互関係のない家族

太陽の紋章について

	ガイド 赤い空歩く人	
反対 青い猿	赤い龍	類似 白い鏡
	神秘 黄色い太陽	

ウェイブ・スペルについて

反対 赤い蛇	青い鷲	類似 黄色い種
	神秘 白い世界の橋渡し	

氏名 父　KIN 241　音 7

相互関係のない夫婦

太陽の紋章について

	ガイド 赤い空歩く人	
反対 青い嵐	赤い月	類似 白い犬
	神秘 黄色い人	

ウェイブ・スペルについて

反対 赤い地球	青い手	類似 黄色い人
	神秘 白い魔法使い	

氏名 母　KIN 29　音 3

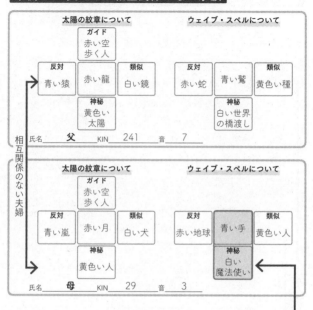

事例5 ✦ 親と義理の親のキンナンバーが同じ

太陽の紋章について

	ガイド 黄色い種	
反対 白い世界の橋渡し	黄色い戦士	類似 青い夜
	神秘 赤い蛇	

ウェイブ・スペルについて

反対 白い風	黄色い人	類似 青い手
	神秘 赤い月	

氏名 自分 KIN 96 音 5

該当する紋章はない

太陽の紋章について

	ガイド 赤い地球	
反対 青い猿	赤い龍	類似 白い犬
	神秘 黄色い太陽	

ウェイブ・スペルについて

反対 青い夜	赤い空歩く人	類似 白い世界の橋渡し
	神秘 黄色い星	

氏名 母 KIN 61 音 9

キンナンバーが同じ

太陽の紋章について

	ガイド 赤い地球	
反対 青い猿	赤い龍	類似 白い犬
	神秘 黄色い太陽	

ウェイブ・スペルについて

反対 青い夜	赤い空歩く人	類似 白い世界の橋渡し
	神秘 黄色い星	

氏名 義母 KIN 61 音 9

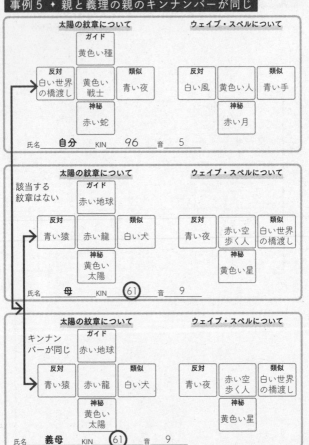

COLUMN 3

「鏡の向こうキン」と「特別な反対キン」

3部で読み解いた相互関係には、神秘キン、類似キン、反対キン、ガイドキンのほかに、じつはもう2つ相互関係のあるナンバーがあります。それが「鏡の向こうキン」と「特別な反対キン」です。

「鏡の向こうキン」は260の中でたった一つ。

算出方法は261から自分のキンナンバーを引き算してください。

例えばキンナンバーが31の場合、「261－31＝230」。よって230のキンナンバーの持ち主があなたにとって鏡の向こうキンになります。

このキンナンバーの持ち主は、まさに鏡の向こうのあなたのごとく、自分の隠れていた才能を引き出してくれる関係。本来の自分の姿に戻るための必要なエネルギーを持っている人です。同じ時間、空間を過ごしている間、お互いにエネルギー充電が起こります。出会った瞬間、どこか懐かしい思いやとても惹かれる感じがするのが理想です。

鏡の向こうキンに出会えたときは宇宙に応援されているというサイン。今の方向性で合っているという証拠です。

「特別な反対キン」も260キンの中でただ一つ。

自分のキンナンバーが131以下の場合は130をプラスし、131以上の場合は130を引いた数になります。

例えば、キンナンバーが31の場合、「31＋130＝161」となり、161のキンナンバーの持ち主があなたの特別な反対キンという関係になります。キンナンバーが150の場合は「150－130＝20」となり、20のキンナンバーの持ち主があなたの特別な反対キンとなります。

特別な反対キンの人は、自分にとって最高の学びの人。自分の立ち位置から見て地球の真裏に立っているような人ですので、自分が見えない景色を教えてくれる人です。特別な反対キンの人に出会ったときは人生において、リセット・再出発の時期がきているかもしれません。是非、この2つのナンバーを算出して覚えておいてください。

第4部

あなたの人生の道しるべとなる「4つの時代」とは

13年周期で訪れる「赤の時代」「白の時代」「青の時代」「黄色の時代」

マヤ暦では、13年ごとに「赤の時代」「白の時代」「青の時代」「黄色の時代」が訪れます。つまり、赤の13年、白の13年、青の13年、黄色の13年というように、13年を4回くり返して52年の周期になっているのです。

グレゴリオ暦の還暦は60歳ですが、52年でひとめぐりするマヤ暦では、52歳が還暦にあたります。これは、52歳の誕生日に、生まれた日のエネルギーが巡ってくるということになります。

ですので、マヤ暦での52歳は大切な節目のときであり、「ゼロに戻る、新たな出発のとき」と考えられています。52歳からは自分で自分の人生を切り開いていくときだと思っていただければ良いと思います。

52歳の年は、自分のキンナンバーが年回りのエネルギーとしても流れていますので、自分のキンナンバーの意味を考えさせられるような出来事や出会いが準備されているかもしれません。そのことに気づき、再出発の気持ちで過ごすことで、新たなお導きが準備されることでしょう。

「赤の時代」「白の時代」「青の時代」「黄色の時代」にも、それぞれ、その色が持つ意味と同じように、起承転結の意味があります。

つまり、赤のときはその人にとって勢いのある時代となりますが、何歳のときに赤の時代が準備されているかは人それぞれです。どの時代にも意味がありますので、良い時代、悪い時代というものはありません。それぞれの時代の過ごし方を意識して魂の成長を楽しんでいただきたいと思います。

また、自分が、現在、何色の時代にいるかを知ることで、どういう過ごし方をすれば良いかわかってきます。

自分が生きている時代の出し方

自分がどの時代に生まれ、今、どの周期にいるか、253ページの表を使って調べていきましょう。まず、あなたのキンは何ですか？

例えば、キン31で、太陽の紋章が「青い猿」、ウェイブ・スペルが「青い手」、「音5」の人は、青い時代の5年目に生まれたということです。この場合、時代の色はウェイブ・スペルの色をみます。何年目というのは、音の番号をみます。

キンが203で、太陽の紋章が「青い夜」、ウェイブ・スペルが「黄色い戦士」、「音8」の人であれば、黄色い時代の8年目に生まれたということです。

キンが31で太陽の紋章が「青い猿」、ウェイブ・スペルが「青い手」、「音5」の人を例にすると、252ページの表の青の13年サイクルの5年目が生まれた年、つまり0歳ということになります。青の6年目が1歳、青の7年目が2歳、青の8年目が3歳……と書き込んでいくと、自分が何歳のときに何色の時代にいたかを知ることができます。

例えば先ほどのキン203で太陽の紋章が「青い夜」、ウェイブ・スペルが「黄色い戦士」、「音8」の人であれば、黄色の時代の8年目に0歳と書き込み、9年目が1歳、10年目が2歳、11年目が3歳と書き込んでいってください。

この表を完成させれば、自分が今、何の時代を生きているか。何歳で何色に変わるかが、すぐにわかるはずです。ぜひ、あなただけでなく、家族や友人も調べてみてください。

「赤の時代」を生きているあなたへのアドバイス

赤の13年間は、非常に活気にあふれエネルギッシュなときです。赤には「社会」

という意味がありますので、社会の人に助けられたり、応援される13年間。起承転結の「起」にあたる13年間で、誕生、生存、チャレンジがキーワードになります。

この13年間は、ゼロから1を作り出すくらいの気持ちで、新しい人とも積極的に出会っていただきたいと思います。引きこもっているのではなく、積極的に社会と関わることが大切です。臆病にならず、いろんなことに挑戦してみましょう。新しい習い事を始めたり、新しい資格取得にチャレンジしてみたり、思い切って起業をするのもオススメです。

赤の時代は勢いがあるので、迷っていることがあるなら、思いきって前に進む決断をしていきましょう。

ここで赤の時代の波に乗ることができれば、いい方向に物事が進みやすくなります。出会いも多く、新しい人間関係を意識して行動すると、人生が豊かになり、それがきっかけで仕事の幅も広がっていくでしょう。

勢いのある赤の時代は結婚もオススメです。結婚はある程度の勢いがないとなかなかできないですものね。是非、失敗を恐れず、チャレンジしてみることが重要です。多少の困難があっても、赤の時代ならば、それを乗り越える力が作用してくれます。何事もチャレンジ精神でいきましょう。

「白の時代」を生きているあなたへのアドバイス

白の13年間は、先祖など目に見えないものからの応援を受けやすい期間。起承転結の「承」にあたる13年で、継承、調整、洗練、鍛錬がキーワードになります。

この13年間は、赤の13年間で生み出したものや、築き上げたものを継承して、どんどん磨きをかけていく期間になります。なぜなら、生み出したばかりのものは、粗削りで、形としても不完全なものばかり。それを、自己鍛錬によって洗練させ、調整をしてひとつの形に作り上げていくのです。

例えば、赤の時代に始めた趣味があれば、さらに極めて資格を取ったり、人に教えられるぐらいのレベルまで習得していくと良いでしょう。

技術を高めるだけでなく、精神性も同時に高めていくことが大切です。人と関わり合いを持つことで、あなた自身もいろいろなことを学び、人間としても洗練されていくでしょう。自分の内面を磨くことで、よい人間関係も広がっていきます。

また、断捨離も向いているときですので、余分なものを手放していきましょう。本当に大切なものに気づいていくことで、ぶれない自分が形づくられていくことでしょう。

白の時代は、赤の時代と違って、勢いだけではうまくいかない時期です。結婚も、赤の時代と違って、相手の内面をよく見て決めるようにすると良いでしょう。白の時代に、しっかりと自分を見つめ、磨いておくことで青の時代がより良いものになります。

ご先祖様の計らいもあるときですので、お墓参りをしたり、神社仏閣を参拝するなど、目に見えないものを大切にするようにしましょう。

「青の時代」を生きている
あなたへのアドバイス

青の13年間は、変化変容のエネルギーが流れている13年間。起承転結の「転」にあたる期間で、変容、改変、改良、チャンスがキーワードになります。

白の時代で洗練された物事や経験、人間関係を違った視点から変容させていき、新しい形や改良を加える期間となります。

例えばわかりやすく言いますと、赤の時代でパン作りを趣味として始めたとしたなら、白の時代には人に教えられるレベルになり、青の時代ではそれがきっかけで、レシピ本を出さないかという話が来たり、お店を出さないかと声をかけられたり、今までとは違った変化が訪れるというように。これまでの生活とは一転し、さまざまな変化が訪れる時期でもあります。

今までとは違う、変動の大きい期間となるでしょう。

しかし、変化というものはなかなか大変です。いつもと違う状況に自分を順応させなければいけないのですから。そのため、精神的にも疲れたり、心が落ち着くパートナーが欲しくなる時期です。実際、青の時代で結婚する人も多いのです。出会いも多い時期ではあります。

パートナーがいない人でも、理解者の存在がとても大切な時期です。何でも相談できるような友人、上司、同僚など、あなたの理解者を一人でも多く増やすようにするといいでしょう。

さらに青の時代の後半は、これまでの苦労が報われやすい時期でもあります。白の時代をどう過ごしてきたかでも大きく変わってきますが、白の時代に、自分をじっくり見つめて鍛錬してきた人は、青の時代に、事業が成功したり、チャンスをつかむなど、嬉しい出来事が結果として返ってきやすいでしょう。

「黄色の時代」を生きているあなたへのアドバイス

黄色の13年間は、子どもや理想に助けられる期間。起承転結の「結」にあたる13年で、熟成、刈取り、感謝、貢献がキーワードになります。

これまでの努力が、実を結ぶ時期です。今までの経験が一つの大きな結果となり実を結び定着していくことでしょう。

時間やお金、人間関係においても恵まれやすい期間となります。

ただし、このように恵まれた状態になるためには、それまでの積み重ねがあってのこと。そして常に周りの人たちや自然、生物など、万物に対して感謝の気持ちを忘れないようにすることが重要です。

どちらかというと基盤を固めていく13年間ですので、あまりリスクを負うようなことはオススメできません。自分の理想を明確にし、足元をしっかり固め、次の赤の時代に飛び出せるように準備しておきましょう。

これで13年が4つの色の時代を経て、52年の一区切りがつきました。

人それぞれ、何歳でその色の時代が巡ってくるかは違いますが、今どういうときを生きているのかの目安として参考にしていただきたいと思います。

各時代に流れる音の意味

その年によって、流れている音があります。

この音はその年のエネルギーを表す銀河の音で1から13段階まであり、1年ごとに1つずつ増えていきます。13までいったら、また1に戻ります。これは13年サイクルの年数にリンクしています。

また、1の音には意思決定に最適なエネルギーがある、2の音のときには取捨選択に最適なエネルギーがあるなど、数字によって持っているエネルギーの意味が変わってきます。

自分が何色の時代の何年目を過ごしているかがわかると、その年の過ごし方の目安がわかります。

音1	起	意思決定の年。これから始まる新たな13年の意志を決定しましょう
音2	承	選択（取捨選択）する年。人間関係を通して内面を磨く年
音3	転	物事を融合させていく年。協力関係を築いていく年
音4	結	深堀していく年。探究し安定させていく年
音5	起	13年の中心を定める年。底力が出せるとき、目標設定が大切
音6	承	活発に動いていく年
音7	転	情報がたくさん入ってくる年。絞っていく年
音8	結	協力者、支持者づくりの年
音9	起	拡大のエネルギーが流れる年。集中、好きなものに特化する年
音10	承	実際に形になる年
音11	転	いらないものを削ぎ落とし天に委ねる年（試されごと、浄化）
音12	結	おおかたの結果を出す年。問題が解消しやすい年
音13	ギフト	結果が出る年。予期せぬギフトの年

COLUMN 4

マヤ人の叡智「すべて準備されている」

マヤ人の教えで、「すべては準備されている」という言葉があります。私は、この言葉を知って人生がすごくラクになりました。

私は、マヤ暦を知るまでは、すごく慎重で先々のことを心配したりするタイプで、なかなか前に進むことができませんでした。

しかし、このマヤ暦の教えは、すべてのことには天の配剤があり、人それぞれに資質や能力、タイミングをほどよく配してくださっている。すべては準備されているから、目の前のことにベストを尽くせば運ばれていくんだということを知りました。

すべては準備されているので、ゆだねることをしてみましょう。

例えば、以前、私のセッションに、「子どもが志望校に落ちてしまった。どうしましょう」という親御さんがいらっしゃいました。

一流大学を目指して勉強をして、模試で合格圏内の成績を取っていても、不合格のケースもあります。もちろん何度かチャレンジするのも良いでしょう。ただ、第2志望校に合格し、そちらを選択するケースもあるでしょう。

その結果、第2志望校でかけがえのない友人に出会えたり、尊敬できる師に出会えたり、打ち込めるものに出合えたりとすごく充実したキャンパスライフが準備されているに違いありません。

要はやることをやった後に出た結果を受け入れる、ということが大切なのかもしれません。

何事も、やることはやる、という姿勢が大事です。

もし結婚したいのであれば、家にずっと引きこもっているのではなく、出会いの場に積極的に行く。周りの人にも結婚の意志があることを伝えておく。そして結果は天にゆだねておく。この生き方ができると気持ちがずいぶんラクになると思います。

仕事も同じです。今、その会社にいるということは、ここがまず今の自分の居場所であって、誠心誠意、目の前の仕事をすることで次の居場所が準備されるのではないでしょうか。

ですので、やることをやっておけば大丈夫！　私はこの教えを知り、離婚を受け入れることができましたし、その後の再婚も、できるかどうかはわかりませんでしたが、やることはやろうと積極的に動いたりもしました。

まずは精一杯努力すること。そして結果は、天にゆだねるようにしましょう。

おわりに

最後までお読みくださり、ありがとうございました。

マヤ暦は、古代マヤ文明の叡智が詰まった暦ですが、私たちの人生を変える可能性も秘めています。また、マヤ暦は「気づきの学問」であり、本来の自分の姿に戻るためのたくさんの気づきを与えてくれます。実際、それが私がマヤ暦に惹かれた大きな理由の一つでもあります。

私も人生でさまざまな経験をしてきましたが、そのおかげで今の私があります。

そして今の私が「幸せだ」と感じているのであれば、私にとって過去の体験（離婚や不妊含め）が有り難いものになりますし、今の私が「不幸だ」と感じていれば、過去の体験は今でも私にとって、ただ辛く苦しいもののままです。

今、「幸せだ」と感じている人は、どんな過去も全て肯定することができるでしょう。それはまるでオセロの黒が白にパタパタパタパタとひっくり返る様子に似ています。

マヤ暦でナンバーを紐解くことによって、起きた出来事が与える「自分へのメッセージ」がわかります。過去や起きたことは変えられませんが、その意味づけを変えることができるのです。これができると、人は悩みや苦しみからかなり解き放たれるのではないでしょうか。

私、木田景子と安長明美主宰の次世代マヤ暦メソッドである「マヤンレメディ」の智慧が皆さんの人生に新たな光をもたらし、素晴らしい未来への扉を開くことを願っています。

最後に、青春出版社の手島様、宮島様、マヤンレメディのメンバー様、そして、私の人生の大切な伴走者である夫と安長明美さんに心より「ありがとうございます！」とこの場をお借りして伝えさせてください。

未来は明るい！

「すべてはだんだん良くなっている」

今日もご機嫌さんな1日を！

木田景子

巻末付録

① 相互関係について知る

② 何色の時代を生きているか知る

付録1 相互関係について知る

太陽の紋章について

ガイド

反対　類似

神秘

ウェイブ・スペルについて

反対　類似

神秘

氏名＿＿＿＿＿＿＿＿KIN＿＿＿＿＿＿＿＿音＿＿＿＿＿＿

太陽の紋章について

ガイド

反対　類似

神秘

ウェイブ・スペルについて

反対　類似

神秘

氏名＿＿＿＿＿＿＿＿KIN＿＿＿＿＿＿＿＿音＿＿＿＿＿＿

太陽の紋章について

ガイド

反対　類似

神秘

ウェイブ・スペルについて

反対　類似

神秘

氏名＿＿＿＿＿＿＿＿KIN＿＿＿＿＿＿＿＿音＿＿＿＿＿＿

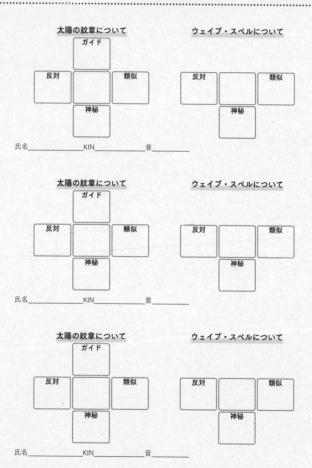

太陽の紋章について

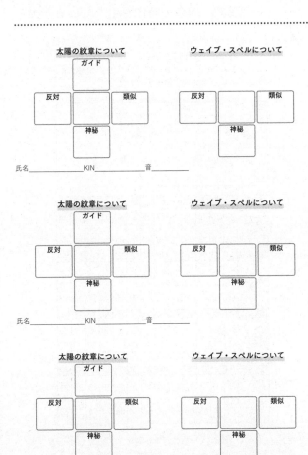

ガイド

反対 類似

神秘

ウェイブ・スペルについて

反対 類似

神秘

氏名＿＿＿＿＿＿KIN＿＿＿＿＿＿音＿＿＿＿＿

太陽の紋章について

ガイド

反対 類似

神秘

ウェイブ・スペルについて

反対 類似

神秘

氏名＿＿＿＿＿＿KIN＿＿＿＿＿＿音＿＿＿＿＿

太陽の紋章について

ガイド

反対 類似

神秘

ウェイブ・スペルについて

反対 類似

神秘

氏名＿＿＿＿＿＿KIN＿＿＿＿＿＿音＿＿＿＿＿

付録2 何色の時代を生きているか知る

記入例

①生年月日から自分のキンナンバーと音、紋章を出す。P60の早見表1から自分のキンナンバーを割り出します。P61～62の早見表2から太陽の紋章とウェイブ・スペルと音を割り出します

名前	生年月日	KIN	音
○○○○	1984年 9月16日	31	5

太陽の紋章	ウェイブ・スペル
青い猿	青い手

赤の時代	1	2	3	4	5	6	7	8	9	10	11	12	13
自分の年齢	22	23	24	25	26	27	28	29	30	31	32	33	34
	74	75	76	77	78	79	80	81	82	83	84	85	86
白の時代	**1**	**2**	**3**	**4**	**5**	**6**	**7**	**8**	**9**	**10**	**11**	**12**	**13**
自分の年齢	35	36	37	38	39	40	41	42	43	44	45	46	47
	87	88	89	90	91	92	93	94	95	96	97	98	99
青の時代	**1**	**2**	**3**	**4**	**5**	**6**	**7**	**8**	**9**	**10**	**11**	**12**	**13**
自分の年齢	48	49	50	51	0	1	2	3	4	5	6	7	8
	100	101	102	103	52	53	54	55	56	57	58	59	60
黄の時代	**1**	**2**	**3**	**4**	**5**	**6**	**7**	**8**	**9**	**10**	**11**	**12**	**13**
自分の年齢	9	10	11	12	13	14	15	16	17	18	19	20	21
	61	62	63	64	65	66	67	68	69	70	71	72	73

②ウェイブ・スペルの色と音の数字が対応するところから自分の年齢を記入していくと、何歳の時に何の色の時代を生きているかわかります

名前	生年月日 年　月　日	KIN	音

太陽の紋章	ウェイブ・スペル

赤の時代	1	2	3	4	5	6	7	8	9	10	11	12	13
自分の年齢													

白の時代	1	2	3	4	5	6	7	8	9	10	11	12	13
自分の年齢													

青の時代	1	2	3	4	5	6	7	8	9	10	11	12	13
自分の年齢													

黄の時代	1	2	3	4	5	6	7	8	9	10	11	12	13
自分の年齢													

青春文庫

マヤ暦《れき》でつかむ
最高《さいこう》の運命《うんめい》

2024年 3 月20日　第 1 刷

著　者　木《き》田《だ》景《けい》子《こ》

発行者　小澤源太郎

責任編集　株式会社プライム涌光

発行所　株式会社青春出版社

〒162-0056　東京都新宿区若松町 12-1
電話 03-3203-2850（編集部）
03-3207-1916（営業部）
振替番号　00190-7-98602

印刷／中央精版印刷
製本／フォーネット社
ISBN 978-4-413-29848-3